기내 서비스 및 승무원 면접을 위한

항공사 Role-playing 가이드북

Cengage

Role-playing Guidebook for Cabin Service and Interview for Airlines

Kim Sun Jung

ISBN-13: 978-89-6218-534-8

Cengage Learning Korea Ltd.
14F YTN Newsquare 76 Sangamsan-ro
Mapo-gu Seoul 03926 Korea

Cengage is a leading provider of customized learning solutions with employees residing in nearly 40 different countries and sales in more than 125 countries around the world. Find your local representative at: **www.cengage.com.**

To learn more about Cengage Solutions, visit **www.cengageasia.com**

Every effort has been made to trace all sources and copyright holders of news articles, figures and information in this book before publication, but if any have been inadvertently overlooked, the publisher will ensure that full credit is given at the earliest opportunity.

Printed in Korea
Print Number: 02 Print Year: 2024

Role-playing Guidebook for
Cabin Service & Interview for Airlines

기내 서비스 및 승무원 면접을 위한

항공사 Role-playing 가이드북

김선정 지음

Cengage

Australia • Brazil • Canada • Mexico • Singapore • United Kingdom • United States

저자 소개

김선정

現)한국관광대학교 항공서비스과 전임교수

現)경희대학교 일반대학원 컨벤션전시경영학과 졸업(관광학 박사)

現)한국마이스관광학회 학계 이사

現)한국서비스경영학회 학계 이사

前)대한항공 객실승무부 객실승무원

前)한양여자대학교 호텔관광과 겸임교수

前)위컨설팅 대표

기내 서비스 및 승무원 면접을 위한 항공사 Role-playing 가이드북

초판 1쇄 발행 | 2022년 2월 28일

초판 2쇄 발행 | 2024년 2월 14일

지은이 김선정

발행인 송성헌

편집기획 김민정

발행처 센게이지러닝코리아(주)

등록번호 제313-2007-000074호(2007.3.19.)

이메일 asia.infokorea@cengage.com

홈페이지 www.cengage.co.kr

ISBN-13: 978-89-6218-534-8

정가 22,000원

책을 펴내며

인간은 힘을 쏟아 무언가를 이룰 때 그것을 소중하게 생각하는 경향이 있다. 사회학자들은 이것을 '이케아 효과'라고 부르는데, 사람들이 직접 조립한 이케아 가구에 더 큰 애정을 가진다는 데 빗댄 말이다.

세상 사람들은 각자 꿈을 꾸고, 그 꿈을 이루기 위해 나름의 노력을 한다. 꿈은 그 자체의 경중에 의해서가 아니라 그 꿈을 위해 얼마나 자신을 투자했는지에 따라 더욱 소중하고 가치 있게 여겨질 것이라고 믿는다.

나는 승무원을 꿈꾸는 친구들과 함께 공부하고, 그 친구들의 꿈을 응원하고, 돕는 일을 하고 있다. 최근 고로나 상황으로 항공 경기가 침체되면서 승무원 채용시장이 잠시 얼어붙어 누구보다 아쉬운 마음이 크다. 하지만 추운 겨울에 얼었던 눈이 봄이 오면 녹아내리듯, 승무원을 꿈꾸고 그 꿈을 위해 멈추지 않고 달려온 이들에게는 기회가 다시금 활짝 열릴 것이라고 믿어 의심치 않는다.

오랜 기간 동안 학생들을 응원하고 가르치면서 매우 안타까웠던 것은 막연히 승무원을 꿈꾸는 친구들에게 승무원이 어떤 마음가짐으로 승객을 대해야 하고, 구체적으로 어떤 업무를 하는지, 다양한 서비스 상황에서 승객을 어떻게 응대해야 하는지를 알려줄 교재가 부족하다는 점이었다.

이 책은 이러한 부족분을 채워 주고 싶은 열망과 승무원으로 일한 수년간의 경험을 밑거름 삼아 내놓게 되었다. 승무원은 항공사를 대표하여 서비스 최접점에서 고객을 응대하는 항공사의 얼굴이다. 승무원의 고객 서비스 역량과 태도가 항공사의 이미지를 결정한다고 해도 과언이 아니다.

그래서 항공서비스 최접점(MOT)에서의 고객 응대에 대한 이론 지식, 기내 서비스 모든 단계에서 맞이할 수 있는 다양한 서비스 상황 및 고객 응대 실무 팁, 항공사별 채용 경험과 Role-playing 면접 대응까지 승무원을 꿈꾸며 준비하는 학생들에게 직접적인 도움이 될 내용을 이 한 권의 책에 담아내고자 노력했다.

내 경험만으로는 부족하다고 생각하여 항공사에 근무하고 있는 여러 현직 승무원들, 항공사 인사 담당자들의 도움을 받아 책 내용 하나하나가 현장에서 즉시 활용할 만한지, 승무원 면접에 유용한 정보인지를 검증했다.

모쪼록 교수님들과 학생들이 이 책을 활용해 승무원과 기내 서비스를 더 쉽게 이해하고, 승무원을 꿈꾸는 학생들에게도 조금이나마 도움이 되어 그들이 희망해 온 꿈을 실현할 수 있기를 응원한다.

마지막으로, 이 책이 발간되기까지 도와주신 센게이지러닝 출판사 관계자분들의 세심한 배려, 전문적인 조언과 도움에 감사드린다.

2022년 2월 7일

한국관광대학교 연구실에서

차례

01

고객 응대 서비스의 이론적 이해

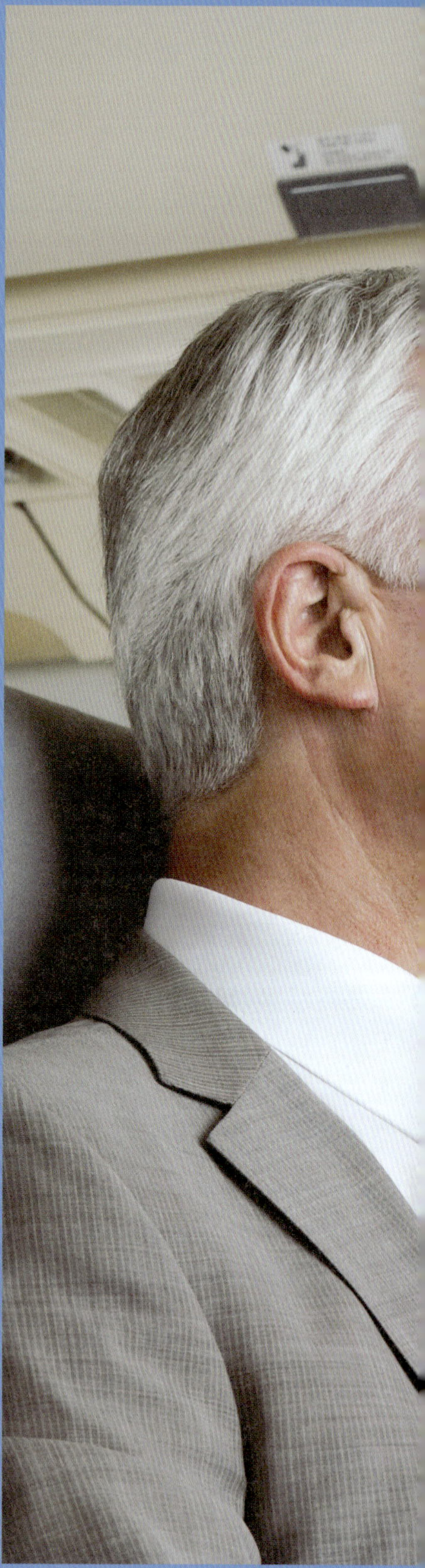

01

MOT (고객 접점 관리)

1. MOT의 의의

항공 서비스에는 항공사의 예약, 발권, 탑승 수속, 좌석 배치, 수하물 발송 및 인도, 기내 서비스 등이 포함되는데, 각 단계와 절차마다 고객에게 직접 대면하여 인적 서비스를 제공한다. 이와 같이 서비스 제공자와 고객이 서로 대면(접촉)하는 순간, 그리고 고객이 서비스를 제공하는 조직이나 개인, 품질에 대해 어떤 인상을 형성하게 되는 순간을 'MOT'라고 한다.

MOT는 'Moment De La Verdad'라는 스페인 투우 용어를 영어 'Moment of Truth'로 옮긴 말이다. 투우사(Matador)가 소와 대결할 때 마지막 검을 소의 급소에 찔러 넣어 숨통을 끊어 버리는 결정적 순간을 의미한다.

이 용어는 스웨덴의 마케팅 전문가인 리처드 노먼(R. Norman)이 고객과의 접촉에서 가장 중요한 순간을 의미하는 개념으로 처음 사용했으며, 세계적으로는 스칸디나비아항공 사장 얀 칼슨(Jan Carlzon)의 저서『Moment of Truth』(1987년)를 통해 마케팅 전략으로 널리 알려지게 되었다.

고객 만족은 서비스 제공자와 고객의 접점에서 이루어지는 서비스의 품질에 따라 결정되며, 따라서 고객 접점을 효과적으로 관리하는 전략은 기업의 성패를 좌우하는 중요한 요소라고 할 수 있다.

2. MOT의 중요성

항공 서비스를 제공하는 과정에서는 단계와 절차마다 고객을 대면하고 고객과 상호작용을 하는 여러 접점이 생긴다. 이 과정에서 단 하나의 서비스에서라도 고객에게 좋지 못한 인상을 준다면 이는 전체 서비스 평가에 악영향을 미친다. 서비스 기업의 이미지가 결정되는 데에는 '곱셈의 법칙'이 작용하기 때문이다.

곱셈의 법칙에 의하면 여타 서비스들이 고객을 만족시켰다고 하더라도 단 하나의 서비스가 고객에게 불만족스럽다면 항공사에 대한 고객의 만족도는 '제로(0)'가 된다. 즉 100가지 서비스 중 1가지 서비스에 불만족한 고객의 평가는 '100－1=99'가 아니라 '100×0=0'이 된다.

고객 접점 관리의 중요성을 '썩은 사과의 법칙'으로도 설명할 수 있다. 상자 속의 썩은 사과를 제때 골라내지 않으면 나머지 사과들도 잇따라 썩어 버리는 것처럼 한 명의 불만족 고객이 생기면 그 파장이 막대하다는 것이다. 이는 불만 고객의 부정적 구전 효과와도 관련되며, 따라서 항공사의 입장에서 이 접점을 효과적으로 관리하는 것은 무엇보다 중차대한 급선무라고 할 수 있다.

©Neustockimages/E+/Getty Images

©andresr/E+/Getty Images

3. MOT의 특징과 불만족 상황 관리

MOT는 접촉, 상호작용, 역할 실행이라는 다음과 같은 세 가지 특성을 지니며, 이로 인해 목적 지향적, 직무 지향적 성격을 띤다.

MOT의 특징

첫째, 서비스 제공 과정에서 서비스 제공자와 고객의 '접촉'(주로 대면)을 전제로 한다.
둘째, 서비스 제공자와 고객의 의사소통 등 '상호작용'을 통해 서로에게 영향을 미친다.
셋째, 각 접점에서 서비스 제공자는 특정 서비스 전달이라는 '역할을 실행'한다.

스칸디나비아항공 사장 얀 칼슨에 따르면 항공 서비스를 제공하는 과정에서 항공사 직원과 고객의 첫 대면 시간은 평균 15초 정도이다. 이 짧은 만남의 시간 동안 고객과 원활한 소통을 하여 성공적으로 서비스를 제공하고 고객에게서 긍정적 평가를 받아야 한다.

서비스에 불만족한 고객은 크게 다음의 네 가지 반응을 보인다.

- 아무런 행동을 취하지 않는다.
- 직원에게 직접 불만을 토로한다.
- 이용 항공사를 바꾸는 전환 행동을 한다.
- 타인에게 해당 항공사에 대해 부정적 구전을 퍼뜨린다.

고객이 토로하는 불만족 내용을 확인하고 사후 조치를 취하여 고객 불만을 해소하는 것도 중요하지만, 고객이 서비스 전달 과정에서 불만족하거나 불만족할 만한 요인을 분석하고 사전 조치를 취하여 고객 불만을 예방하려는 노력도 기울여야 한다.

©andresr/E+/Getty Images

예를 들어, 고객은 서비스 속도를 중시하여 자신이 요구한 내용의 서비스를 정확하게 제공받을 뿐만 아니라 그 서비스가 빠르게 이루어지기를 원한다. 고객은 서비스 지연 행위에 매우 민감한 반응을 보이므로 서비스 제공 과정을 미리 점검하여 고객 불만을 최소화하는 한편, 서비스 지연이 발생하는 경우 대처 방법을 매뉴얼화하려는 노력이 필요하다.

서비스 실패는 서비스 제공 과정에서 발생하는 실수, 고객과의 약속 위반 등 서비스 오류로 고객이 서비스에 만족하지 못하는 상황을 말한다. 서비스 불만족은 고객의 이탈이나 부정적 구전을 야기하지만, 불만족 상황에 적극적으로 대처하여 관리할 경우 오히려 더 높은 고객 충성도로 이어진다. 따라서 위기를 기회로 전환하여 도약하는 계기가 될 수 있도록 고객의 불만사항을 경청하고 이에 민감하게 대처해야 한다.

이를 위해서는 고객 접점에서 고객이 만족할 수 있는 서비스를 제공하도록 고객 응대 방식을 계속적으로 점검하고 개선해 나가야 한다. 또 서비스 제공 과정에서 생기는 고객의 불만 요소를 이해하고, 불만족 상황에 유기적으로 대처할 수 있는 역량을 키워야 한다.

4. MOT의 성공 사례

고객과 접하는 짧은 순간을 서비스의 성패와 나아가 기업의 존망을 가르는 '결정적 순간(MOT)'으로 규정하고 MOT 중심의 고객 관리를 운영하고 있는 네 기업의 사례를 알아본다. 스칸디나비아 3국(스웨덴 · 노르웨이 · 덴마크)이 설립한 세계 최초의 국제 합작 항공사 스칸디나비아항공(Scandinavian Airlines System, SAS), 미국의 고급 백화점 체인 노드스트롬(Nordstrom), 대한민국 2위 규모의 민간 항공사 아시아나항공(Asiana Airlines), 미국의 호텔 체인 리츠칼튼(Ritz-Carlton)이다.

스칸디나비아항공

스칸디나비아항공은 다른 대형 항공사들에 밀려 매년 적자를 기록하고 있었다. 1980년대에 항공사 역사상 최연소 사장으로 부임한 얀 칼슨(Jan Carlzon)은 불황을 타개하기 위해 고객의 패턴을 분석했다.

그 결과 고객 1명이 약 5명의 직원과 평균 15초 정도 접촉하는데 이때 고객은 항공사에 대한 이미지를 결정한다는 사실을 알게 되었다. 스칸디나비아항공은 고객과의 짧은 만남의 순간을 '결정적 순간(Moment of Truth)'으로 규정하고, 이 순간의 서비스를 개선하기 위해 직원 교육 등 다방면의 노력을 기울였다.

©NextNewMedia/Shutterstock.com

'결정적 순간'의 서비스를 집중적으로 개선한 스칸디나비아항공은 불과 1년 만에 연 800만 달러 적자에서 벗어나 7100만 달러의 흑자를 내는 성과를 거두었다. 그리고 1983년에는 '최우수 항공사'로 선정되는 영예를 안았다.

아래의 짧은 에피소드는 스칸디나비아항공의 MOT 중심 고객 관리를 단적으로 보여 주는 사례이다.

MOT 중심 고객 관리 사례

미국의 사업가 루디 피터슨(Rudy Peterson)은 중요한 회의에 참석하고자 코펜하겐 비행기를 타기 위해 스톡홀름의 한 호텔에서 황급하게 나왔다. 그런데 공항에 도착해서야 티켓을 호텔에 놓고 온 사실을 알게 되었다. 티켓이 없으면 항공기를 이용할 수 없는 것이 당연하지만, 피터슨은 혹시나 하는 마음에 항공사 담당자에게 자신의 급박한 사정을 하소연했다.

뜻밖에도 항공사 데스크 여직원은 피터슨의 말을 듣고 그의 예약을 확인했으며, 즉시 임시 항공권을 준비하여 그를 안심시킨 후, 호텔에 연락하여 런던행 비행기가 출발하기 전에 티켓을 직접 받을 수 있도록 조치했다.

이 사건을 계기로 피터슨은 스칸디나비아항공에 대단히 큰 고마움을 느끼고 사업상 만나는 수많은 나라의 사람들에게 이 미담을 전하는 충성 고객이 되었다.

노드스트롬 백화점

노드스트롬 백화점은 고객이 상품이나 서비스에 불만족을 느끼는 시간은 5분이면 충분하다고 보고, 이를 개선하기 위해 노력했다. 이를 위해 백화점을 찾은 고객의 요구사항에 대해 별도의 절차를 거치지 않고 직원 스스로 고객의 불만을 처리할 수 있도록 권한을 위임(Empowerment)했다.

노드스트롬 백화점에는 단 한 가지 원칙 외에 별도의 '고객 응대 매뉴얼'이 존재하지 않는다. 단 하나의 원칙이란 직원은 '어떤 상황에서라도 스스로 판단해 고객에게 좋다고 생각되는 것을 바로 실행해 옮기라'는 것이다. 그리고 직원의 조치에 고객이 만족하는 경우 이에 부응하는 직원 보상제도를 마련하여 직원의 고객 응대를 적극 장려했다.

©Lester Balajadia/Shutterstock.com

아래 두 가지 사례에서 노드스트롬 백화점 직원들의 MOT 중심 고객 응대 태도를 확인할 수 있다.

MOT 중심 고객 관리 사례 1

캘리포니아에 사는 한 여성이 여행을 떠나기에 앞서 노드스트롬 백화점에 들러 옷을 한 벌 샀다. 그런데 공항에 가서야 가방에 있던 비행기표가 없어졌다는 사실을 알게 되었다. 백화점에서 급히 나오면서 비행기표를 매장에 두고 온 것이었다.

어쩔 줄 몰라 당황하고 있는데, 한 사람이 숨을 헐떡이며 다가와 항공권을 건넸다. 백화점 여직원이 비행기표를 들고 공항까지 택시를 타고 달려온 것이었다.

MOT 중심 고객 관리 사례 2

바겐세일이 끝난 다음 날, 한 고객이 노드스트롬 백화점에 바지를 사러 왔다. 그 고객은 바겐세일 기간이 끝난 줄도 모르고 평소 눈여겨봐 두었던 고급 브랜드 바지를 사고 싶어했지만 마침 그 고객에게 맞는 사이즈의 옷이 다 팔리고 없었다.

판매원이 백화점 창고에 연락을 해 보았지만, 그 사이즈의 옷은 그곳에도 없었다. 그러자 판매원은 건너편 백화점에 연락을 하여 고객이 원하는 바지를 정가에 사 왔고, 고객에게는 원하는 바겐세일 가격으로 판매했다.

어떤 상황에서든 고객이 좋다고 생각하는 조치를 직원이 스스로 판단하여 바로 실행에 옮기게 하는 노드스트롬 백화점의 경영 원칙이 있었기에 직원은 근무시간에 고객의 비행기표를 들고 곧장 공항으로 달려갈 수 있었고 타 백화점에서 정가에 사온 제품을 할인가에 팔 수 있었다.

이와 같은 노드스트롬 백화점의 MOT 마케팅은 큰 성공을 거두고, 1978년 백화점을 개점한 이래 자산이 2억 2500만 달러에서 19억 달러로 증가하는 등 약 7배의 성장을 이룩했다.

리츠칼튼 호텔

미국의 유명 호텔인 리츠칼튼 호텔은 고객을 접촉하는 직원들에게 재량권을 대폭 위임했다. 고객의 불평을 접한 직원이 매니저와 상관을 찾느라 고객을 기다리게 하는 것이 아니라 고객의 불평을 직접 해결할 수 있도록 아무런 제약 없이 자기 판단하에 2000달러까지 사용할 수 있는 재량권을 부여했다.

권한 위임은 고객 만족도를 크게 향상하고 직원들의 책임감, 소속감을 대폭 강화하는 긍정적 결과로 나타났다. 이와 같은 조치를 시행한 결과, 리츠칼튼 호텔 고객의 90% 이상이 다시 투숙하게 되며 객실 이용률이 여타 호텔보다 10%가량 높아졌다. 또 직원 이직률은 여타 호텔에 비해 약 15% 낮아졌다.

리츠칼튼 호텔의 또 다른 고객 관리 노하우는 '철저한 데이터 관리'에 있다. 모든 직원들은 자신들이 맞이한 고객에 대한 특별한 정보를 자체 고객 관리 프로그램인 '미스틱 시스템'에 입력하고, 이 고객 정보를 전 세계 리츠칼튼 호텔 모든 체인에 공유한다. 이와 같은 고객 정보를 활용해 맞춤형 서비스를 제공하려고 노력하여 서비스를 제공받은 모든 고객들이 '대우받고 있다'는 특별한 느낌을 받도록 한다. 리츠칼튼 호텔은 고객 정보만을 전문적으로 관리하는 '컴시어지(computer+concierge)' 직책을 만들어 체계적으로 고객을 관리하고 있다.

MOT 중심 고객 관리 사례

해외 출장이 잦은 한 남성이 뉴욕 리츠칼튼 호텔 레스토랑에서 식사를 했다. 그는 주문을 하며 마늘을 싫어하니 마늘이 들어가지 않도록 신경 써 달라고 말했다.

얼마 후 그는 한국에 있는 리츠칼튼 호텔 레스토랑을 갔다. 그런데 주문을 받는 직원이 그가 주문을 하기도 전에 마늘이 들어가지 않는 음식을 추천해 주었다. 그는 고객 한 사람 한 사람을 소중하게 생각하는 리츠칼튼 호텔만의 특별한 고객 관리에 감동했다.

아시아나항공 '매직워드 서비스'

'매직워드 서비스'는 아시아나항공에서 2009년에 도입한 제도이다. 서비스 접점(MOT)에서 고객을 응대하는 짧은 시간에 고객에게 '짧지만 감동적인 칭찬, 격려의 말'을 적극적으로 하자는 고객 응대 방침이다.

ⓒ연합뉴스

MOT 중심 고객 관리 사례

한 부부가 신혼여행 후 20여 년 만에 다시 아시아나항공을 이용하게 되었다. 이 사실을 알게 된 항공사 직원이 "다음 40주년도 아시아나항공과 함께 해 주시기 바랍니다"라고 인사말을 했다.

이 말을 들은 고객은 "대부분 말 한마디 없이 수속을 하는데, 이렇게 따뜻한 얘기를 해 주니 그 마음 씀씀이가 얼마나 고마운지 모르겠다"며 칭찬 메시지를 작성했다.

아시아나항공은 실제로 2009년 매직워드 서비스를 도입한 이후 승객의 칭송 편지가 전년 동기 대비 341% 증가한 반면 불만 건수는 70.1% 감소했다. 이처럼 단순한 매직워드 서비스가 좋은 평가를 받고 있는 것은 고객을 배려하여 예상하지 못한 감동을 선사하기 때문이다.

5. 기내 서비스의 고객 접점

기내 서비스는 승객이 출발지 공항에서 항공기에 탑승한 순간부터 목적지 공항에 도착하여 하기할 때까지 기내에서 제공하는 모든 서비스를 의미한다. 환영 인사로 시작하여 좌석 안내, 기내식 및 엔터테인먼트 제공, 안전조치, 환송 인사까지 서비스를 제공하는 과정마다 고객과의 접점이 이루어진다.

기내 서비스 절차 및 고객 접점은 아래 절차도와 같이 승객 맞이 인사부터 하기하기까지 다양한 서비스 상황에서 발생한다. 각 고객 접점 단계별로 고객 응대 시 주안점과 특이점을 사전에 파악하여 대비함으로써 고객 서비스의 질을 한층 높이도록 한다.

▶ 기내 서비스 고객 접점 절차도

WORKSHEET

특정 서비스 기업이나 업종, 상점을 직접 방문해 보고, 고객 접점(MOT) 절차도를 작성해 보자.

[예시]

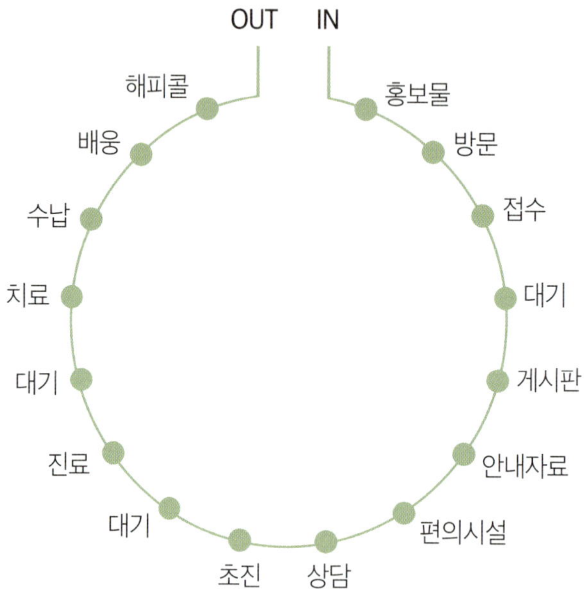

1번에서 작성한 고객 접점 절차도를 중심으로 고객이 각 단계에서 어떤 서비스에 관심을 갖는지 논의해 보고, 고객의 입장에서 가장 중요하다고 생각하는 서비스 단계가 무엇인지 발표해 보자.

기내 서비스의 고객 접점을 각자 구분해 보고, 각 접점에서 어떤 서비스에 중점을 두어야 하는지 생각해 보자.

다른 서비스 기업이나 상점의 MOT 사례를 추가로 조사해 보고, 서비스의 주안점과 효과에 대해 발표해 보자.

02

공감적 커뮤니케이션

1. 커뮤니케이션의 개념

커뮤니케이션(Communication)이란 사람들이 생각이나 느낌, 정보, 메시지 등을 서로 주고받는 것을 말한다. Communication은 공통, 공유를 의미하는 'Communis'와 공통성을 이룩한다 또는 나누어 갖는다는 의미의 라틴어 'Communicare'에서 유래했다.

커뮤니케이션이란 용어의 일반적 정의와 기원에서 다자 간의 공통된 의미의 공유, 즉 사람들 간의 쌍방적 교류라는 특징을 도출할 수 있으며, 따라서 일방적 전달은 진정한 커뮤니케이션이라고 할 수 없음도 유추할 수 있다.

커뮤니케이션을 설명하는 여러 가지 이론 중에서 근래에 마케팅, 경영 등 여러 분야에 적용되고 있는 '머레이비언의 법칙'은 미국의 심리학자 앨버트 머레이비언(Albert Mehrabian)이 1971년에 발표한 이론이다.

이 법칙에 의하면 커뮤니케이션은 언어적 요소와 비언어적 요소를 통해 이루어지는데, 비언어적 요소가 언어적 요소보다 훨씬 더 큰 영향을 미친다. 여기서 언어적 요소는 말의 내용을 의미하고 비언어적 요소는 표정, 눈빛, 몸짓 등 눈에 보이는 시각적 요소와 목소리, 음색, 말투 등 귀에 들리는 청각적 요소를 의미한다. 대화나 소통은 보이는 이미지를 통해 55%, 들리는 소리를 통해 38%가 이루어지고, 말의 내용을 통해서는 겨우 7%가 이루어질 뿐이다.

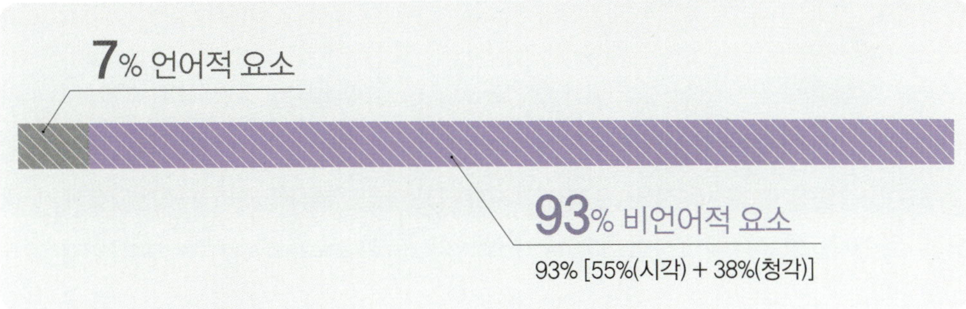

이와 같은 커뮤니케이션 개념이 서비스 부문에 접목된 '서비스 커뮤니케이션'은 서비스 전달 과정에서 서비스 제공자와 고객 간의 소통을 의미한다. 그리고 서비스 제공자의 커뮤니케이션 스킬(Communication Skill)은 서비스 품질과 고객 만족에 결정적 영향을 미친다.

따라서 서비스 제공자가 고객에게 보여 주는 언어, 용모, 표정, 시선, 자세 등의 요소가 상대방인 고객의 행동과 마음을 긍정적으로 변화시킬 수 있다는 점을 유념하고, 유형별 · 상황별 고객 응대 기법을 습득해야 한다.

©xavierarnau/E+/Getty Images

2. 커뮤니케이션의 장애

양방향의 상호작용이라는 측면에서 볼 때 커뮤니케이션에는 전달자(화자)와 수신자(청자)가 있고 이외에 커뮤니케이션이 이루어지는 상황이 있기 마련이다. 특히 대인 커뮤니케이션에서는 전달자와 수신자, 커뮤니케이션 상황에 따라 다양한 장애가 발생할 수 있다. 커뮤니케이션이 원활하지 않거나 커뮤니케이션 자체가 왜곡될 때 장애의 원인을 빨리 파악하고 효과적으로 대처할 수 있도록 세 가지 장애의 자세한 내용을 알아본다.

전달자(말하는 사람)의 문제

커뮤니케이션 전달자가 말하고자 하는 목적의식이 부족하거나, 대인관계 경험이 부족하거나, 메시지 전달 능력이 미숙한 경우, 언어적 메시지와 비언어적 메시지가 일치하지 않는 경우, 편견이 있는 경우, 제대로 된 정보를 전달하지 않는 경우에 일방적 대화, 소통 왜곡, 편파적인 정보 전달 등 커뮤니케이션 장애가 발생할 수 있다.

▶ 전달자에 의한 커뮤니케이션 장애 원인

목적의식 부족	전달자가 대화에 적극적으로 참여하지 않고, 의도하는 바를 명확히 전달하지 않을 경우 메시지가 제대로 전달되기 어렵다.
미숙한 대인관계	전달자가 대인관계 경험이 부족한 경우 경청을 배제하고 자신의 의사만 전달하는 등 일방적 대화가 이루어질 우려가 있다.
미숙한 메시지 전달 능력	전달자의 말투가 불명확하거나, 표현 능력이 부족한 경우 말하는 의도가 상대방에게 제대로 전달되지 않아 의사소통이 왜곡될 수 있다.
혼합 메시지 사용	커뮤니케이션의 언어적 요소와 비언어적 요소가 불일치한 경우를 '이중 메시지' 또는 '혼합 메시지'라고 한다. 이 경우 상대방이 전달자의 의도를 온전히 파악하기가 힘들다.
오해와 편견	전달자가 상대방이나 상황에 대해 오해와 편견이 있는 경우 이의 영향을 받아 의사 전달에 오류가 발생한다.
정보의 여과	전달자가 의도적으로 수신자가 듣고 싶어하는 정보만 전달하고 듣기 싫어하는 정보를 감추는 경우 객관적 정보 전달이 어렵고, 이는 원활한 커뮤니케이션을 방해한다.

수신자(듣는 사람)의 문제

듣는 사람이 상대방이 말하는 동안 무성의한 태도를 보이거나, 부정확한 피드백을 보내는 경우, 상대의 말을 제대로 이해하지 못하거나, 상대가 말하기 전에 미리 추정하는 경우, 상대방을 신뢰하지 않거나, 상대방에게 선입견이 있는 경우에 바른 메시지 수신 실패, 의미 왜곡, 엉뚱한 해석 등 커뮤니케이션 장애가 일어나게 된다.

▶ 수신자에 의한 커뮤니케이션 장애 원인

경청의 부족	상대방의 이야기를 건성으로 듣거나, 대화에 무성의한 태도를 보이는 경우 상대방이 의사를 제대로 전달하기 어렵다.
부정확한 피드백	수신자가 상대방의 말을 제대로 이해하지 못함에도 불구하고 알았다는 반응을 보이는 등 부정확한 피드백은 대화 실패의 원인이 된다.
왜곡된 인지와 감정적 반응	수신자의 과거 경험이나 왜곡된 인지로 인해 전달자의 메시지를 전혀 다른 방향으로 해석하는 문제가 발생할 수 있다.
평가적 경향	상대방의 말이 끝나기도 전에 미리 의도를 추정(평가)하여 실제 의미가 왜곡된다.
신뢰도 결핍	수신자가 상대방 자체를 신뢰하지 않는 경우 발생하는 문제이다.
선입견	상대방에 대한 선입견이 메시지 수용과 해석에 영향을 미친다.

커뮤니케이션 상황에 따른 문제

때로는 주변의 어수선한 분위기, 조명이나 소음, 시간의 압박, 대화 상대의 사회 · 경제적 지위 차이, 정보 전달의 양이 과중한 경우 등 커뮤니케이션이 이루어지고 있는 환경이 대화를 제대로 이어가지 못하게 하는 요인이 된다. 단순히 상대방과의 대화에만 집중할 것이 아니라 커뮤니케이션 상황을 점검하고 이를 통제할 방안을 모색할 필요도 있다.

3. 공감적 대화의 전제: 경청

공감하는 대화에서 바탕이 되는 경청과 공감적 소통의 방법을 살펴보기 전에 경청의 어려움을 알려 주는 재미있는 이야기를 하나 하고자 한다. 두 사람이 대화를 하고 있다고 가정하자. 한 사람을 '말하는 사람'이라고 하면 다른 한 사람은 어떤 사람이라고 불러야 할까? 많은 사람들이 '듣는 사람'이라고 대답할 것이다. 하지만 이것은 정답이 아니다. 정답은 '말을 하려고 기다리는 사람'이다. 대화하는 두 사람 중 듣는 사람이 없는 아이러니한 상황이 현실에서는 더 자주 일어나는 상황인지도 모른다. 경청이 그만큼 어렵다는 말이다.

우리는 일상생활 중 가장 많은 시간을 무언가를 듣는 데 사용한다. 오랜 시간 다른 사람의 말을 들어 왔지만, 자신이 하고 싶은 말에 더욱 몰두한다. '경청'의 사전적 정의는 '남의 말을 주의 깊게 들음', '공경하는 태도로 들음'이다. 이들 정의를 종합해 보면, 경청의 핵심은 상대방의 입장에서 상대방의 말을 이해하는 데 있다. 한편, 경청을 '여백'에 비유하여 설명할 수도 있다. 말을 하고 싶은 우리의 욕구에 여백을 넣고, 상대방에게 그 여백을 양보하는 것이다. 결국 경청은 서비스 영역만이 아니라 우리 삶의 모든 영역에서 우리가 성공하기 위해 반드시 배워야 할 기술이다.

서비스를 성공적으로 제공하고 고객 만족을 이끌어 내기 위해서도 먼저 고객의 요청을 제대로 듣는 것, 즉 경청의 스킬이 필요하다. 경청은 단순히 상대방의 말을 듣는 것을 넘어 상대방의 입장과 상황을 이해하고 공감해 주는 것까지를 의미한다. 고객에게 영향을 미치거나 고객을 설득하겠다는 의도를 내려놓고, 고객의 입장에서 고객이 의도하는 바를 그대로 수용하고 존중하며 공유할 수 있는 것이 참다운 경청이라고 할 수 있다.

효과적인 경청을 하려면 먼저 고객에게 관심을 집중하고, 말하는 내용을 정확히 이해할 수 있도록 필요한 경우 적극적으로 질문해야 한다. 고객의 말이 길어지더라도 인내심을 가지고 전달하려는 요지를 즉시 파악하려고 노력해야 한다. 고객의 메시지 중에 동의할 수 있는 부분을 찾아 적절하게 맞장구를 치는 기술도 필요하다. 주변이 어수선하거나 시끄럽다면 조용한 곳으로 옮기는 등 대화를 방해할 만한 요소를 사전에 확인하여 제거하는 것이 좋다.

4. 공감적 소통의 대화법

고객과의 대화는 항상 경청하는 자세로 임하는 것이 가장 중요하며, 고객의 말에 공감하며 대화를 이끌어 나가야 한다. 여기서는 경청의 1 · 2 · 3 기법, BMW 기법, 긍정적 표현(Yes, but 화법), 청유형 표현, 쿠션 언어, 맞장구 화법 등 대화 기법을 소개한다.

경청의 1, 2, 3 기법

대화할 때 가장 중요한 원칙은 바로 '경청'이며. 이것이 대화의 시작이라고 할 수 있다. '사람의 귀가 둘이고 입이 하나인 이유는 말하는 것보다 듣기를 두 배 더 하라는 것이다'라는 탈무드의 격언은 대화의 기본자세를 일깨워 준다.

'경청의 1, 2, 3 기법'은 1번 말하고, 2번 듣고, 3번 맞장구치는 것이다. 말하기보다 더 많이 듣고 적극적으로 맞장구치는 것이 경청의 올바른 자세이다.

BMW 기법

대화 시 상대방의 호감을 얻는 방법 중 하나로 '미러링(Mirroring)'을 고려해 볼 수 있다. 대화에서 '미러링'이란 상대방의 긍정적 느낌과 행동, 말투 등에 맞추어 따라 하는 것을 의미하는데, 상대방과 같은 생각을 하고 같은 감정을 느끼고 있음을 온몸으로 보여 주는 방법이다.

미러링 방법을 구체화한 것이 'BMW 대화 기법'이다. 먼저 'Body Language'를 뜻하는 'B'는 상대방의 자세, 몸짓 등을 따라 하는 방법을 의미한다. 상대방이 자신의 행동에 같은 반응을 보여 상대방이 자신의 말에 공감하고 있다는 느낌을 받게 하는 것이다.

다음으로 'M'은 'Mood'의 머리글자로 상대방의 기분이나 감정을 이입하는 방법이다. 즉 상대방의 말투나 표정 등을 자신에게 '미러링'시키는 것이다.

마지막으로 'W'는 'Word'의 머리글자로 일명 앵무새 기법으로도 불린다. 상대의 말에 맞장구치거나 적극적으로 반응하는 방법을 의미한다.

Body Language(자세)	표정이나 눈빛, 자세 등을 상대방에게 집중한다.
Mood(분위기)	어투나 어조, 말하는 속도, 말의 높낮이 등을 적절하게 표현한다.
Word(말의 내용)	상대방의 말을 다시 확인하고 상대방이 원하는 것에 집중한다.

긍정적 표현(Yes, but 화법)

부정적 표현은 자칫 고객의 자존심을 상하게 하여 불쾌감을 유발할 수 있으므로 가급적 긍정적 표현을 사용해야 한다. 긍정적 내용과 부정적 내용을 모두 말해야 할 때에는 먼저 긍정적 내용을 말한 후 부정적 내용을 언급하는 것이 좋다.

상대방의 말을 듣고 바로 '~하시면 안 됩니다' 혹은 '~은 아닙니다'라고 거부하거나 부인하지 않고 '네, 그러시군요' '네, 그 말씀도 일리가 있다고 생각합니다만, 제 생각은 ~입니다' 하고 먼저 상대방의 말에 긍정(Yes)을 하고, 자신의 생각이나 의견을 논리적으로 개진하는 것이 좋다.

대화문 예시

- 이곳에서는 담배를 피우시면 안 됩니다. (×)
- 건물 바깥에 흡연실이 마련되어 있습니다. (○)

- 손님, 좌석벨트는 아기와 같이 착용하시면 안 됩니다. (×)
- 손님, 좌석벨트는 손님만 착용하시고, 아기는 안아 주는 것이 더 안전합니다. (○)

한편 서비스할 때에는 공감적 소통을 저해하는 부정적 표현인 다음의 세 가지 말을 사용하지 않도록 유의한다.

서비스 3불 용어

- 안 됩니다
- 없습니다
- 모릅니다

청유형 표현

명령형은 고객에게 거부감이나 반발심을 일으킨다. 따라서 고객이 승무원의 부탁을 자연스럽게 수용할 수 있도록 청유형으로 표현하는 화법을 사용한다.

대화문 예시

- 조금만 기다려 주세요. (×)
- 조금만 기다려 주시겠습니까? (○)

- 좌석벨트 매 주세요. (×)
- 좌석벨트를 매 주시겠습니까? (○)

쿠션 언어

고객이 원하는 것을 들어 주지 못하는 상황이거나 고객에게 부탁해야 할 경우 고객의 기분이 최대한 상하지 않도록 쿠션 언어를 적절하게 사용한다. 다음의 쿠션 언어를 익혀 평소에도 자연스럽게 활용하는 습관을 들이자.

쿠션 언어 예시

- 미안합니다만 / 죄송합니다만 / 실례합니다만 / 바쁘시겠지만
- 가능하시다면 / 괜찮으시다면 / 양해해 주신다면

대화문 예시

- 죄송합니다만, 식사하시는 동안에는 등받이를 세워 주시겠습니까?
- 실례합니다만, 탑승권을 좀 보여 주시겠습니까?
- 괜찮으시다면, 뒤쪽 화장실을 이용해 주시겠습니까?

맞장구 화법

고객의 이야기를 관심 있게 귀 기울여 듣고 있음을 표현하기 위해서는 다음처럼 적절하게 반응하는 화법을 적극적으로 활용하는 것이 좋다.

맞장구 및 대화문 예시

- 가벼운 맞장구: 그렇군요. / 그렇습니까?
- 동의 맞장구: 정말 그렇군요.
- 정리 맞장구: 그 말씀은 ~이라는 것이지요?
- 몸짓 맞장구: 고개 끄덕이기 / 갸우뚱 / 눈 맞춤 등

©Wirestock Creators/Shutterstock.com

WORKSHEET

커뮤니케이션 장애 요인을 찾아보고, 어떤 요인이 가장 큰 영향을 미치는지 각자의 의견을 적어 보자.

공감적 소통의 대화법을 활용하여 정중히 부탁하는 말로 표현해 보자. 단, 서비스 3불 용어를 유의한다.

잠깐만요. →

탑승권 보여 주세요. →

창문 덮개 좀 내려 주세요. →

지금은 화장실 사용이 안 돼요. →

그건 없어요. →

과거 서비스 경험 중 불만족스러웠던 상황을 떠올려 보고, 어떤 점에서 서비스에 실망했는지 적어 보자.

3번의 상황에서 당시의 대화를 공감적 대화로 바꾼다면 어떤 효과가 있을지도 생각해 보자.

03

고객의 불평 대응

1. 서비스 불만족의 개념

고객의 불만족은 제품이나 서비스 품질이 고객의 기대 수준에 미치지 못할 때 발생한다. 이와 같은 고객 불만족은 고객의 독특한 취향이나 성격의 문제에서 비롯될 수도 있으나, 많은 경우 서비스 지연, 설명 부족, 직원의 실수, 정보 전달 문제 등 서비스 실패(Service Failure)에 기인한다.

이때 서비스 실패란 고객의 사전 기대와 경험 간의 부정적 불일치 상태로 서비스 품질이 고객의 기대에 미치지 못하고 열악한 서비스 결과로 발생하는 것을 의미한다(정은미 · 조민호, 2009).

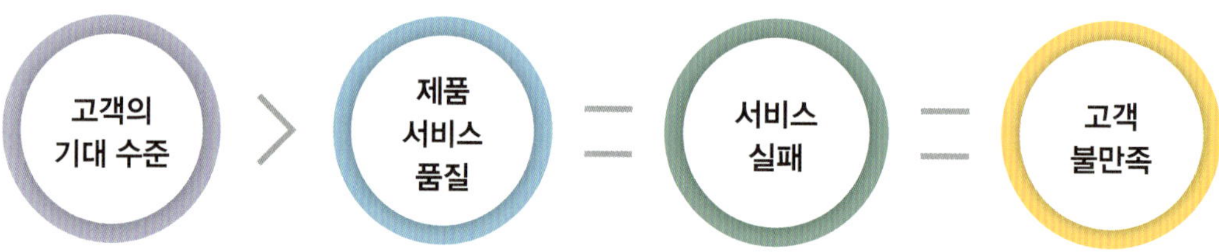

LG경제연구소 자료(2007, LG주간경제 경영정보)에 따르면 고객 이탈 원인은 '고객 접점에서의 서비스'에 불만족한 경우가 제1의 요인으로 가장 컸다. 조사 응답자의 68%가 고객 접점에서 직원 서비스에 불만을 느낀 반면 제품 자체에 대한 불만은 14%에 불과했다.

항공 여객 운송업은 승객을 원하는 목적지까지 안전하게 운송하는 것이 1차 목적이지만, 이 과정에서 제공되는 다양한 인적 서비스로 항공사의 이미지를 평가받는 전형적인 서비스업이다. 따라서 고객 접점이 많을 수밖에 없는 항공사의 경우, 고객을 직접 대면하여 접하는 현장 직원들의 서비스 수준을 향상하여 고객 불만족을 관리하는 전략이 중요하다.

2. 불만 고객 관리의 중요성

미국 펜실베니아대학교 와튼스쿨(Wharton School)의 '2006 불만고객 연구보고서'에 따르면 고객이 기업의 서비스에 불만족한 경우 약 40%의 고객은 기업의 서비스를 다시 이용하지 않고, 약 30%의 고객은 주변 지인들에게 불만족 사례를 전파하는 적극적 구전 활동을 하는 것으로 나타났다. 이와 같은 부정적 구전은 주로 신뢰하는 가까운 지인을 대상으로 이루어지므로 기업의 서비스를 이용하지 않는 사람에게도 부정적 이미지가 쉽게 전파된다는 점에서 고객 불만족을 체계적으로 관리하는 노력이 필요하다.

서비스 기업은 고객 만족을 가장 중요한 가치로 우선시하므로 자사의 서비스에 대한 고객의 솔직한 평가를 중시할 수밖에 없다. 하지만 기업이 서비스에 대한 고객의 전반적인 의견을 파악하기는 쉽지 않다.

따라서 기업에 직접 불평을 토로하거나 문제를 제기하는 고객이야말로 서비스 품질을 지속하여 관리하는 데 매우 긴요한 정보원이라고 할 수 있다. 고객의 불평 토로나 문제 제기는 제품의 품질이나 서비스를 향상할 기회가 되며, 불평사항을 수용하고 원만하게 해결할 경우 부정적 구전을 차단하고 오히려 고객 유지율을 증가시킬 절호의 기회로 활용할 수도 있다.

와튼스쿨 보고서에 따르면 고객이 기업의 제품이나 서비스에 불만족한 경우 직접 해당 기업에 불만족 사항을 말하고 개선을 요구한 사례는 6%에 불과했다. 응답자의

94%는 특별한 반응이 없거나, 거래 기업을 바꾸거나, 주변인에게 부정적 구전을 하는 것으로 나타났다.

이와 같이 서비스에 대한 불만족 사항을 적극적으로 토로하는 불만 고객은 분명 기업의 입장에서 소중한 가치를 지닌다. 따라서 고객의 불만 토로를 고객 접점에서의 서비스를 재점검하고 개선하는 기회로 선용한다.

고객이 기업의 서비스에 불만족했더라도 기업이 고객을 위해 적극적이고 공정하게 문제를 처리할 경우 고객의 만족도는 오히려 이전보다 높아져 서비스 실패에 대한 전화위복 효과를 가져올 수 있다는 연구도 있다. TARP(마케팅 조사 회사)의 사장 존 구드만(John Goodman)은 20개국의 많은 산업을 조사하고 '고객 불만과 고객 충성도의 상관관계 보고서'를 발표했다. 이 보고서에 따르면 고객이 서비스를 이용하면서 아무런 문제를 느끼지 못할 경우 재방문율이 10%에 그치지만, 불만사항을 말하고 기업으로부터 긍정적인 조치를 받은 경우 재방문율이 무려 65%까지 상승한다. 이와 같은 현상을 '서비스 회복의 역설(Service Recovery Paradox)'[1]이라고 하는데, 이는 고객의 불만사항에 효과적으로 대처하는 것이 서비스 현장에서 매우 중요함을 말해 주는 개념이다.

1 S. S. Tax. and S. W. Brown(1998), "Recovering and Learning from Service Failure", Sloan Management Review, Vol. 40 No. 1, pp. 75-88.

3. 항공 서비스의 불만족 요인

항공 서비스의 불만족 요인은 항공 서비스의 고객 불만족과 관련하여 수행된 세 가지 선행 연구자료를 통해 살펴본다.

먼저 김영주의 연구(2006)[2]에서는 국제선 항공노선을 이용한 승객을 대상으로 실제 항공사에 접수된 고객 불만사항 신고 데이터를 분석했다. 그 결과 고객 불만사항을 다음과 같이 14가지로 구분했다.

① 예약전화 연결
② 예약직원의 응대 · 안내 서비스
③ 스케줄의 편리성
④ 보너스 항공권 예약
⑤ 인터넷 예약 · 구매
⑥ 항공운임
⑦ 발권직원의 업무지식 · 안내 서비스
⑧ 탑승 수속 서비스
⑨ 마일리지 카드 서비스
⑩ 기내 승무원의 태도
⑪ 기내식의 질
⑫ 기내 면세품 서비스
⑬ 수하물 처리 서비스
⑭ 문제 발생 시 대응능력

이 연구에서 승객의 불만족은 '⑥ 항공운임'에서 가장 컸고, 그 뒤를 이어 '④ 보너스 항공권 예약' 등 다음과 같은 순으로 나타났다. 참고로 '⑩ 기내 승무원의 태도'에 대한 불만족도가 가장 낮았다.

항공 서비스 이용 고객의 주요 불만 요인(김영주의 연구)

2 김영주(2006), 항공 서비스 이용 승객의 불만요인에 관한 연구, 한양대 국제관광대학원 석사학위 논문.

©Hispanolistic/iStock/Getty Images Plus

한편 박수영의 연구(2009)[3]에서는 항공 서비스를 다음과 같은 5개 요인으로 구분하고, 인천국제공항 이용객을 대상으로 서비스 불만족도를 측정했다.

① 예약 및 발권 서비스
② 운항 서비스
③ 지상 서비스
④ 기내 서비스
⑤ 부대 서비스

연구 결과 승객의 불만족도는 '⑤ 부대 서비스'에서 가장 높았고 다음으로 '① 예약 및 발권 서비스', '④ 기내 서비스' 순으로 높게 나타났다.

3 박수영(2009), 항공 서비스의 불만요인이 전환의도와 전환행동에 미치는 영향연구, 유라시아연구, 6(4), pp.149-173.

이 연구에서 기내 서비스의 평가 항목은 불친절한 승무원, 다양하지 않은 엔터테인먼트, 기내 장비의 불량 상태, 불편하고 좁은 좌석 공간 등 4가지 설문 문항으로 구성되었다.

항공 서비스 단계별 고객의 불만족도 평가(박수영의 연구)

요인	실수 가능한 고객 응대 업무	불만족 순위
예약 및 발권 서비스	• 환불 티켓 취득의 문제 • 예약과 발권 과정에서의 실수 • 부정확하거나 불완전한 정보 • 예약 · 발권 시 전화 통화 지연 등 문제 • 불친절하거나 도움되지 않는 안내직원	2위
운항 서비스	• 항공기 지연, 결항 등에 불완전한 보상 • 항공기 지연, 결항, 편차 • Over-booking 문제로 인한 탑승 거절	5위
지상 서비스	• 항공기 지연에 대한 불명확한 안내방송 • 체크인 절차의 신속하지 못한 진행 • 불친절하거나 도움되지 않는 지상직 직원 • 불편한 공항 라운지 • 초과 수하물에 대한 비용 추가 • 좌석 배정에서의 불만 • 수하물 분실, 파손, 지연	4위
기내 서비스	• 불친절하거나 도움되지 않는 승무원 • 엔터테인먼트의 다양성 부족 • 기내 장비의 상태 불량 • 좁은 좌석으로 인한 불편	3위
부대 서비스	• 글로벌 항공 네트워크 이용의 불편 • 마일리지 사용 과정에서의 문제 • 정당하지 않거나 과장된 광고 • 웹사이트의 접속 불량 또는 불편	1위

정은미 · 조민호의 연구(2009)[4]에서는 기내 서비스를 더욱 세분화한 것이 특징이다. 이 연구에서는 실제 항공사 승무원을 심층 면담하여 기내 서비스의 고객 접점을 12단계로 세분화했다. 먼저 각 단계에서 고객이 불만족할 수 있는 실수 가능 지점을 선정한 후 요인 분석을 하여 고객 불만 요인을 7개로 구분했다.

① 업무 미숙　② 승무원의 응대 태도　③ 탑승 첫인상
④ 식 · 음료 서비스　⑤ 기내 환경　⑥ 면세품 구매
⑦ 엔터테인먼트

연구 결과 고객 불만은 '① 업무 미숙'이 가장 높고 그다음으로 '⑤ 기내 환경' '⑦ 엔터테인먼트' '⑥ 면세품 구매' '③ 탑승 첫인상' '④ 식 · 음료 서비스' 순으로 높게 나타났으며 '② 승무원의 응대 태도'가 7위로 가장 낮았다.

아래 표에 제시한 각 요인에 대한 설문 문항을 보면 기내 서비스의 어떤 부분에서 고객 불만족도가 높은지 확인할 수 있다.

©photosounds/Shutterstock.com

4 정은미 · 조민호(2009), 서비스청사진의 실수가능점 분석을 통한 항공사 기내 서비스의 고객 불만 분석, 호텔경영학연구, 18(6), pp.267-286.

▶ 기내 서비스 단계별 실수 가능한 업무 및 고객의 불만족도 평가(정은미 · 조민호의 연구)

요인	실수 가능한 고객 응대 업무	불만족 순위
업무 미숙	• 잘못된 입국 서류 배포 • 머리 위 선반의 수하물 낙하 • 기내 분실물 응대 • 기내 비치된 입국 서류 부족 • 상영 비디오의 음량 조절 및 화질 • 깨지는 수하물 보관 미숙	1위
승무원의 응대 태도	• 승무원의 말투와 표정 • 서비스 용품 제공 시 응대 태도 • 불만 발생 시 승무원의 피드백 • 안전규정 전달 시 승무원의 태도 • 수하물 정리 시 도움 부족 • 승무원의 응대 지연	7위
탑승 첫인상	• 탑승 순서에서 오는 혼란 • 보딩 음악 소리 크기 • 좌석 이동 · 재배치에 대한 응대 • 배정된 좌석(복도 · 창가 측 등) • 크기 초과 수하물 반입 저지	5위
식·음료 서비스	• 기내 식 · 음료의 맛과 온도 • 기내 식 · 음료를 받기까지 대기 시간 • 원하는 기내식 종류 부족	6위
기내 환경	• 기내 온도나 소음 • 우는 아이, 애완동물, 시끄러운 주변 승객 • 비정상 상황의 소란(환자 발생 등)	2위
면세품 구매	• 비행시간 부족으로 면세품 구입 곤란 • 원하는 면세품 부족 • 면세품 전달 지연	4위
엔터테인먼트	• 영화나 게임 등 다양성 부족 • 헤드폰 불량 • 기내 비디오 · 스크린 이상 및 고장	3위

4. 불만 고객의 응대 방법

고객의 불만사항에는 고객의 성향과 상황에 따라 유연하게 대응하는 것이 중요하다. 서비스에 대해 불평하는 모든 고객에게 일률적으로 적용할 수는 없지만, 일반적으로 다음 절차를 참고하여 응대하는 것이 좋다.

1단계: 인정(공감·경청)

비용을 지불하고 양질의 서비스를 기대하는 고객의 입장에서 서비스의 불만족 사항에 대해 직원에게 불평하는 것은 당연하다. 고객이 불만을 토로할 때 직원이 그 내용을 진지하게 경청하는 경우 일반적으로 고객의 불만은 감소하는 경향이 있다. 다만, 이때 경청한다고 해서 무조건 서비스 제공이 실패했다거나 직원의 잘못임을 인정하는 것이 아님을 주의해야 한다.

대화문 예시

- 예, 그러셨어요. 많이 속상하셨겠네요.
- 예, 그러셨군요. 많이 불편하셨겠습니다.

2단계: 사과

이때는 고객이 불편을 느낀 점에 대해 진심으로 사과하고, 고객의 화를 가라앉혀 흥분 상태를 진정시키는 것이 좋다. 이를 위해서는 마음을 담아 적절한 사과의 말을 하는 것이 중요하다.

대화문 예시

- 고객님, 불편을 느끼게 해드려 죄송합니다.
- 손님, 저희가 미흡한 부분이 있었던 것 같습니다. 죄송합니다.

3단계: 원인 분석

고객의 불만사항을 접수할 때 모호하여 궁금한 점이 있다면 질문을 하여 고객의 불만 원인을 정확히 파악해야 한다. 고객의 불만사항을 고객의 입장에서 받아들인 후 객관적으로 분석하는 것도 승무원이 갖춰야 할 고객 응대의 기술이다.

대화문 예시

- 고객님처럼 그렇게 생각하시는 분도 많은 것으로 알고 있습니다.
- 다른 항공사에서도 ~ 사항에 대해 이렇게 처리하고 있습니다.

4단계: 신속한 해결과 대안 제시

해결 방안을 고민한 후 가급적 쉬운 해결 방법부터 제시하는 것이 좋다. 만약 직접 문제를 해결하기 어려운 경우에는 관련 부서에 연락을 하여 결과를 통보하도록 하거나 상급자를 통해 해결하도록 조치한다.

대화문 예시

- 제 생각에는 ○○○ 방법이 좋을 것 같습니다.
- 고객님은 어떻게 하시는 것이 편하시겠습니까?

5단계: 감사 표현

불편을 끼친 점에 대해 다시 한번 사과하고, 개선점을 알게 된 것에 감사를 표하며 응대를 마무리하는 것이 좋다.

대화문 예시

- 다시 한번 불편을 드린 점, 죄송스럽게 생각합니다. 앞으로는 고객님께서 불편하시지 않도록 먼저 조치하겠습니다.
- 고객님, 양해해 주셔서 감사합니다. 고객님께서 말씀하신 것은 회사에 보고해서 조치할 수 있도록 하겠습니다.

5. 고객 유형별 응대의 주안점

무엇보다 불만 고객 응대 시에는 고객의 유형에 따라 적절한 방법을 취하는 것이 중요하다. 다음의 고객 유형 및 응대 주안점을 참고하여 고객과 상황에 따라 적절하게 응대하는 연습을 꾸준히 하도록 한다.

이때 고객을 유형별로 분류하는 것은 고객을 평가하거나 비난하기 위한 것이 아니라 유형에 적절한 지혜로운 응대법을 찾기 위함임을 유념해야 한다. 따라서 유형별로 섣불리 고객을 구분하거나 예단하는 일은 삼가야 한다.

전문가처럼 보이고 싶어하는 고객

이 유형의 고객은 유창하게 말하며, 자신을 과시하는 타입으로 자신이 모든 것을 잘 알고 있는 것처럼 전문가인양 행동한다. 자신의 생각이 옳다고 확신하며 고집이 세기 때문에 좀처럼 설득되지 않는다. 언어 예절을 깍듯이 지키며 겸손한 듯이 행동하지만, 내면에 강한 우월감이 있어 거만한 느낌을 준다.

이 유형의 고객을 응대할 때에는 우선 고객의 말을 잘 들으면서 상대의 능력에 대한 칭찬과 감탄의 말로 응수하여 상대를 인정하고 높이면서 친밀감을 형성하는 것이 중요하다. 직접적으로 대안을 제시하는 것을 피하고, 고객이 주장하는 내용에서 문제점을 스스로 느낄 수 있도록 대안이나 개선에 대한 방안을 유도해 내도록 한다.

대화 중에 반론을 하거나 자존심을 건드리지 않도록 언행을 주의해야 하며, 자신의 경력이나 경험, 전문성을 강조하지 않고 문제 해결에 초점을 맞추는 것이 좋다. 만약 고객이 무리한 요구를 할 때에는 대체할 수 있는 대안을 언급한다.

결단력 없고 우유부단한 고객

유쾌하고 협조적인 성격으로 보이지만, 문제 상황에 대해 타인이 의사결정을 내려 주기를 기다리는 경향이 있어서 정확한 요점을 딱 부러지게 말하지 못하는 유형이다. 그러나 이러한 유형의 고객은 서비스 기준이나 고객이 요구할 수 있는 서비스 수준에 대해 잘 알고 있는 경우가 많다는 점을 주의해야 한다.

이 유형의 고객을 응대할 때에는 고객이 결정을 내리지 못하는 갈등 요소가 무엇인지를 표면화하기 위해 시의적절하게 질문을 하여 상대가 자신의 생각을 솔직히 드러내도록 돕는다. 따라서 항공 서비스 규정이나 기준에 근거하여 제공할 수 있는 서비스 수준에 대해 자세히 설명하여 신뢰감을 높이고 문제를 해결할 수 있도록 사후 조치에 만전을 기하는 것이 좋다.

빈정거리고 불만으로 가득한 고객

이 유형의 고객은 빈정거리거나 비꼬아 말하며, 자부심이 강하지만 대부분 심리적으로 열등감이나 허영심이 있다. 문제 자체에 중점을 두어 이야기하지 않고 특정한 사람이나 문장, 심지어는 대화 중에 사용한 단어의 의미 등에서 꼬투리를 잡아 항의하는 등 매우 지엽적인 문제를 확대 해석하거나 그것에 집착한다.

이 유형의 고객을 응대할 때에는 자칫 엉뚱한 방향으로 흐르기 쉬운 대화의 초점을 주제로 유도하여 해결 방안을 도출하도록 하되 자존심을 존중해 주어야 한다. 고객의 빈정거림을 적당히 인정하고 요령껏 받아 줌으로써 고객의 만족감을 유도한다면, 고객은 타협의 자세를 보이게 될 것이다.

아까 한 말 또 하는 고객

자아가 강하고 끈질긴 성격의 소유자라고 할 수 있다. 자신의 생각에 대한 집착이 심하고, 자신의 의견을 관철시키고자 하는 성향이 강한 편이다. 경우에 따라 서비스 직원을 신뢰하지 않고, 자신의 요구가 받아들여지지 않을 것이라는 강박 관념을 보이기도 한다.

이 유형의 고객을 응대할 때에는 무조건 상대의 말에 일일이 동조하지 말아야 한다. 고객이 여러 번 되풀이하는 항의 내용의 골자를 확인한 후 문제를 충분히 이해했음을 알리고, 해결 방안에 대한 확실한 결론을 내어 고객에게 믿음을 주도록 한다. 회피하려는 인상을 주면 불만이 가중될 수 있으니 가능한 한 신속한 결정을 내리는 것이 유익하다는 점을 유념한다.

쉽게 흥분하며 저돌적인 고객

문제 상황을 처리하는 방법은 자신이 생각하고 있는 방법뿐이라고 믿고 타인의 제안을 받아들이지 않으려는 경향이 강한 유형의 고객이다. 대화 시 호전적으로 보일 수 있으며, 상대방이 말하는 도중 끼어드는 일이 잦다.

이 유형의 고객은 겉으로 드러나는 호전성과 달리 보이지 않는 마음이 심한 불안감에 의해 지배되고 있으므로 고객 응대 시 미리 겁먹고 위축되지 않도록 한다. 부드러운 분위기를 유지하며 공손하게 응대하되, 말소리에 웃음이 섞이지 않도록 주의한다. 고객 자신이 흥분 상태를 인정하고 진정할 것을 요청하기보다는 고객이 스스로 감정을 조절할 수 있도록 유도하는 우회 화법을 활용하는 것이 효과적이다.

지나치게 호의적인 고객

이 유형의 고객은 사교적, 협조적이며 합리적이고 진지한 면이 있다. 그러나 때로는 자신이 하고 싶지 않거나 할 수 없는 일에도 약속을 하여 상대방을 실망시키기도 한다. 모든 사람이 항상 자신을 받아들이고 좋아해 주기를 바라는 욕구가 내재된 유형이다.

이 유형의 고객을 응대할 때에는 상대의 의도에 말려들지 않도록 주의하고 말을 절제할 필요가 있다. 질문을 통해 고객의 요구가 무엇인지 확실히 하고, 고객에게 말할 기회를 많이 주어서 스스로 결론을 내리도록 유도하는 화법이 적절하다.

뽐내는 고객

자기 자랑이 심하고 거만하며, 직급이 없는 직원을 무시하는 경향이 있어 책임자를 불러오라고 요청하는 유형이다. 자신의 권위에 대한 자부심이 강하고, 지위에 걸맞게 대우해 주기를 기대하는 경향이 있다. 또한 자신의 권위를 세워 주는 사람에게는 대부분 호의적인 반응을 보인다.

이 유형의 고객을 응대하는 유일한 방법은 마음껏 뽐내고 자랑하게 하는 것이다. 고객의 말투가 거슬린다고 하여 맞붙게 되면 승무원의 마음만 상한다는 점을 명심하자. 반면에 이런 고객은 단순한 면이 있어 칭찬하고 맞장구를 쳐 주면 의외로 쉽게 문제를 해결할 수 있다.

과장하거나 가정하여 말하는 고객

대개 콤플렉스가 많은 사람들이 이런 태도를 보인다. 이런 유형의 고객은 서비스 이용 경험이 적거나 서비스를 이용하기 어려운 수준으로 자신을 과소평가하는 경향이 있다. 또한 자신의 신분이나 수준을 상대방이 알아채지 못하게 하기 위해 더 과장하거나 가정하여 말하기도 하며, 의견 충돌이 있을 때 자신의 주장을 강하게 내세우는 특징을 보이기도 한다.

이 유형의 고객을 응대할 때에는 상대의 진의를 잘 파악하되, 말로 설득하려 하지 말고 객관적인 자료를 제시하는 것이 좋다. 정면으로 부정하거나 확인하려 하면 커다란 마찰이 생길 수 있다는 점을 기억하고, 우회 화법을 사용하여 고객으로 하여금 사실을 말하도록 유도하는 것이 중요하다.

무리한 요구를 서슴없이 하는 고객

이 유형의 고객은 원칙에 어긋나는 일을 부탁하거나 터무니없는 요구를 하거나 도저히 불가능한 일을 주문하기도 한다. 싸움을 걸기 위해 일부러 무리한 요구를 하는 고객도 있지만, 대개는 타인의 입장에서 보지 못하고 자기 입장만을 생각하기 때문에 그 요구가 무리라는 것을 인식하지 못한다.

이 유형의 고객을 응대할 때에는 우선 고객의 입장을 충분히 이해하고 있음을 주지시킬 필요가 있다. 그리고 고객의 요구가 무리라는 것을 스스로 납득할 수 있도록 차근차근히 설명해야 한다. 하지만 고객의 반응이 답답하다고 해서 면박을 주거나 고객을 무안하게 하지 않도록 주의해야 한다.

불평이 많은 고객

이 유형의 고객은 사사건건 트집을 잡고 불평을 한다. 정확한 근거나 지식 없이 이러쿵저러쿵 말이 많고 꼬투리 잡기를 즐긴다. 불평 · 불만은 개인적 성향에서 비롯되는 경우도 많지만, 이 유형의 경우에는 대개 자신이 상대방보다 더 많이 알거나 우월하다는 생각에서 비롯된다.

이 유형의 고객에게는 '맞장구를 치고 추켜세우며 설득하기'가 가장 적절한 응대법이다. 만약 서비스 제공 등에 무리가 가지 않는다면 "옳습니다. 고객님은 확실히 예리하시군요", "저도 그렇게 생각은 하고 있습니다" 하고 인정한 후 설득하는 것이 재치있는 방법이다.

의심이 많은 고객

이것저것 캐묻고 이리 갸우뚱 저리 갸우뚱 의심이 많은 유형으로 이런 모습은 서비스 이용 경험이 많지 않은 고객에게 자주 나타난다. 서비스 자체를 신뢰하지 않으며, 자신에게 불이익을 주는 것이 아닌지 의심하는 경향이 있다.

이 유형의 고객에게는 자신감 있는 태도로 명확하고 간결하게 응대하는 것이 중요하다. 너무 자세한 설명이나 친절도 의심을 품게 하는 요소가 될 수 있으므로 분명한 근거를 제시하여 스스로 확신을 갖도록 유도한다. 만약 응대가 어려울 때에는 상급 책임자에게 응대를 맡기는 것도 현명한 대처법이다.

깐깐한 고객

이 유형의 고객은 말이 많지 않고 예의도 밝아서 직원에게 깍듯이 예의를 지키는 반면 직원의 잘못은 반드시 짚고 넘어간다. 그러므로 매사에 조심스럽게 응대해야 하는 유형의 고객이다.

이런 고객을 응대할 때에는 정중하고 친절하게 하되 만약 고객이 잘못을 지적한다면 가급적 반론을 펴거나 해명의 말을 하지 않는 것이 좋다. 이런 유형의 고객일수록 자존심이 상당히 세므로 "지적해 주셔서 감사합니다" 하고 고객의 지적이나 조언을 받아들이는 자세를 보이면 내심 좋아하며 불만이 누그러지는 경우가 많다.

소리 지르는 고객

목소리를 최대한 크게 내고 적당한 욕설을 곁들여 거칠게 말하면 일이 더 빨리 해결될 줄 아는 유형의 고객이다. 권위주의적 사고방식을 가진 고객에게 나타나는 경우도 있으나, 오히려 서비스 경험이 적은 고객이 자존심을 지키기 위해 과민 반응하는 경우도 많다는 점을 기억하자.

이런 고객을 응대할 때에는 우선 자신의 목소리를 작게 하여 낮추고 말을 천천히 이어감으로써 고객으로 하여금 자기 목소리가 지나치게 크다는 사실을 깨닫게 하는 것이 좋다.

말꼬투리를 잡는 고객

이 유형의 고객은 말꼬투리를 잡아 그것을 빌미로 대화를 주도하여 자신에게 유리한 쪽으로 일의 결과를 만들려고 하므로 응대 시 주의해야 한다.

이런 고객을 응대할 때에는 "죄송합니다만 잠시만 기다려 주십시오. 확실히 알아본 후 안내해 드리겠습니다"라고 말하여 일단 안심시킨 후에 정확한 사실만을 안내하는 것이 좋다.

©rkl_foto/Shutterstock.com

Claim과 Complaint의 구분 및 응대 차이

Claim(클레임)은 서비스를 제공하는 과정에서 공식적인 제도나 정책, 법령 등을 위반한 경우에 고객이 이에 대한 보상을 요구하는 것을 말하고, Complaint(컴플레인트)는 서비스를 제공하는 과정에서 법적 · 제도적으로 위반된 것이 아니라 고객이 서비스 전반에 대해 불만족한 경우 이의를 제기하며 시정이나 사과를 요구하는 것을 말한다.

> A claim explains what went wrong and demands compensation from the offending party, whereas a complaint explains what went wrong and merely demands correction or apology.

Claim은 고객의 짐이 분실되었다거나, 음식에서 이물질이 발견되었다거나, 음료가 옷에 튄 경우 등의 상황에서 고객이 항공사에 직접 교환, 환불, 보상 등을 요구하는 것을 말하고, Complaint는 음식을 빨리 제공받지 못했다거나, 주변이 시끄럽다거나, 좌석이 좁다는 등 고객이 서비스에 만족하지 못해 항공사에 사과나 서비스 개선을 요구하는 것을 말한다.

Claim 상황이든 Complaint 상황이든 둘 다 고객이 항공사의 서비스에 불만족해서 발생한 것이므로 고객이 불만을 표할 때에는 무엇보다 경청하는 것이 중요하다. 다음으로 고객의 불만 · 불편사항을 고객의 입장에서 생각하고, 필요한 경우 진정성 있는 사과를 한다. 서비스 내용에 대해 검토한 후 대안을 제시하고, 다시 한번 사과나 감사의 표현으로 응대를 마무리하는 것이 좋다.

Claim	Complaint
– 제도나 정책 등에 근거한 객관적인 피해에 대한 불만 – 가령 음식 이물질 발견, 배송 상품 파손 등의 상황 – 교환, 환불, 보상 등의 대응 필요 – 금전 등 물질적 보상 수반 – 피해 사실 확인 후 피해 범위와 보상 기준을 파악하여 고객과 협상하는 스킬 필요	– 고객의 주관적 관점에서 생기는 감정에 의한 불만 – 서비스 전반에 대한 불만이나 불평을 사는 상황 – 가령 마음에 들지 않는다 또는 불친절하다는 불만 – 금전 등 물질적 보상 비수반 – 진정성 있는 사과와 대안 제시, 개선 약속

WORKSHEET

특정 고객 유형과 기내 서비스 제공 상황을 가정하고, 고객 응대 시나리오를 작성해 보자. 그리고 가정한 유형의 고객에게는 어떤 점에 주안점을 두고 응대해야 하는지 논의해 보자.

고객의 불만을 Claim과 Complaint로 구분하여 각각의 특징을 예를 들어 설명하고, 고객 응대 시 주안점이 무엇인지 생각해 보자.

02

기내 서비스 고객 접점 Role-playing

01 탑승 승객 맞이, 좌석 및 수하물 보관 안내

02 이륙 전 지상 서비스

03 이 · 착륙 안전조치

04 식 · 음료 서비스

05 기내 면세품 판매

06 엔터테인먼트 제공 및 입국 서류 작성 지원

07 비행 중 개인 서비스

08 도착 준비 및 승객 하기

畅享东方

01

탑승 승객 맞이, 좌석 및 수하물 보관 안내

1. 업무 개요

승객의 탑승은 국제선에서는 30분, 국내선에서는 15분 전에 시작된다. 승객 맞이(Welcome Greeting)에 앞서 승무원은 개인 용모 · 복장을 한 번 더 확인하고, 객실 방향제 및 보딩 뮤직(Boarding Music)을 준비한 후 각자 할당된 담당구역(Welcome Position)에서 대기(Stand-by)한다.

탑승 시 환자나 장애인, 노약자, 보호자 비동반 소아(UM) 등 도움이 필요한 승객을 먼저 안내하여 탑승하게 한 후 클래스 중에서는 상위클래스 승객부터 탑승하도록 한다. 객실 승무원이 승객을 첫 대면하는 서비스인 만큼 탑승 승객을 맞이할 때에는 밝은 목소리와 표정으로 좋은 인상을 남기도록 한다.

탑승 승객 맞이 단계에서는 환영 인사와 함께 다시 한번 승객의 탑승권을 확인하여, 탑승 오류(부정 탑승, 잘못된 탑승 등)가 생기지 않게 한다. 그 외 승무원은 각자 정해진 위치(Zone)에서 대기하며 승객 인사와 함께 필요한 경우 좌석 및 수하물 보관 등에 대해 안내한다.

좌석에 여유가 있는 경우에도 원칙적으로 탑승권의 좌석에 착석하도록 안내한다. 만약 승객이 다른 좌석을 원하는 경우 승객 탑승이 전원 완료된 후에 사무장에게 보고하여 승객이 원하는 좌석으로 재배정한다. 좌석이 중복해서 발급된 경우에는 우선 해당 승객에게 정중히 사과하고, 즉시 좌석이 재배정되도록 조치(사무장에게 즉시 보고 후 좌석 재배정)한다.

©Sorbis/Shutterstock.com

©M101Studio/Shutterstock.com

기내에 반입된 수하물은 원칙적으로 좌석 밑이나 머리 위 선반에 보관하도록 안내하고, 짐을 옮기는 데 도움이 필요한 승객은 적극적으로 돕도록 한다. 부피가 큰 수하물은 승무원이 Coat Room 또는 Restraint Bar가 설치된 좌석 밑에 보관하도록 한다. 승무원은 승객의 안전을 위해 Overhead Bin에 보관된 물품이 떨어지지 않도록 보관 상태를 꼼꼼히 체크해야 한다.

비상사태에 대비하여 비상구 좌석이나 통로에는 수하물을 놓을 수 없으므로 승객의 수하물이 이곳에 방치되지 않도록 한다. 그리고 규정에 어긋나는 휴대 수하물(가위 · 송곳 · 다량의 액체류 등 기내 반입 금지 품목)이 발견된 경우에는 즉시 운송 직원에게 연락하여 위탁 수하물로 처리하도록 조치한다.

©uuoott/E+/Getty Images

PLUS+

승객 탑승 순서 및 주의사항

■ 승객 탑승 순서 (대한항공 예시)

① Stretcher 승객(사전 탑승) → ② 휠체어 승객, 보호자 비동반 소아(UM), 노약자(Family Care) → ③ 유아 동반 승객 → ④ VIP · CIP(Commercially Important Person) → ⑤ 일등석 승객 → ⑥ 비즈니스석 승객 → ⑦ 일반석 후방 승객 → ⑧ 일반석 전방 승객

■ 승객 탑승 시 주의사항

- 승객의 탑승권을 확인할 때에는 반드시 양손을 모아서 공손한 자세로 받고 되돌려 드려야 한다.
- 방향 안내 시 오른쪽 방향은 오른손으로, 왼쪽 방향은 왼손으로 안내한다. 팔꿈치 각도로 각도를 크게 하거나 작게 하여 거리감을 표현한다.

2. 고객 응대 Message 연습

기내 서비스 현장이라고 생각하고 연습해 보자.

▶ 안녕하십니까? 탑승권 확인하고 있습니다.
(안녕하십니까? 탑승권을 보여 주시겠습니까?)

▶ 반갑습니다. (탑승권을 미리 보여 주면) 즐거운 여행 되십시오.

▶ 어서 오십시오. 탑승권을 보여 주시겠습니까? 창측 좌석입니다.

▶ 안녕하십니까? 탑승권을 확인하겠습니다. 손님은 건너편 뒤쪽 좌석입니다. 조금만 더 들어가시면 다른 승무원이 안내해 드릴 겁니다.

▶ (유아 동반 승객) 어서 오십시오. 아기가 너무 예쁘네요.

▶ (어르신 승객) 반갑습니다. 천천히 탑승하셔도 괜찮습니다. 제가 좌석을 확인해 드리겠습니다. 안쪽으로 들어가시면 승무원이 다시 안내해 드릴 겁니다.

▶ (유모차 승객) 안녕하세요? 제가 유모차를 분리해 보관해 드리겠습니다. 잠시 아이를 안아 주시겠습니까?

©Jupiterimages/The Images Bank/Getty Images

3. 상황별 Role-playing

다른 승객의 좌석에 앉았거나, 좌석이 중복 배정된 상황 Case 1-1

승객 A가 좌석을 찾아가던 중 자기 좌석에 다른 승객 B가 앉아있는 것을 보았다. 탑승권을 다시 확인해도 자기 좌석임이 분명했다. 승객 A가 앉아있는 승객 B에게 이 사실을 말했으나, 승객 B는 탑승권을 확인하지도 않고 자기 좌석이 맞는다고 우겼다. 이 상황에서는 어떻게 조치하는 것이 좋을까?

[예시] 승객과의 가상 대화를 직접 구성해 연습해 보자.

승객 A: 저기요, 승무원? 여기 앉아있는 이 분(B)이랑 내 탑승권을 확인해 보니깐 똑같은데, 이게 어떻게 된 거죠?

승무원: 네, 손님. 굉장히 당혹스러우셨겠습니다. 번거로우시겠지만, 정확한 확인을 위해 두 분 탑승권을 다시 한번 보여 주시겠습니까?

승객 A,B: 네, 여기 있습니다.

승무원: 양해해 주셔서 감사합니다. (탑승권을 꼼꼼히 확인한 후) 손님, 정말 죄송합니다. 좌석 배정 중에 약간의 오류가 있었던 것 같습니다. 제가 최대한 빨리 조치하도록 하겠습니다.(승객 A에게) 불편하시겠지만 손님은 잠시 이쪽(Jump Seat를 가리키며)에서 기다려 주시겠습니까?

승객 A: 네, 빨리 좀 해 주세요.

승무원은 좌석 중복 배정 사실을 사무장에게 보고한 후,
지상 직원을 통해 좌석을 즉시 재배정하도록 조치한다.

승무원: 손님! 기다려 주셔서 감사합니다. 지금 바로 재배정된 자리로 안내해 드리겠습니다.

승객 A: 네, 알겠습니다.

승무원: 다시 한번 불편을 끼쳐 죄송합니다. 손님! 비행 중 불편하신 점이 있다면 언제든지 저희 승무원을 불러 주십시오. 감사합니다.

승객과의 가상 대화를 직접 구성해 연습해 보자.

Tip

- 간혹 탑승권을 제대로 확인하지 않고 다른 자리에 착석하는 승객이 있으므로 두 승객의 좌석 번호를 확인한 후 조정한다.
- 만약 좌석 배정에 실수가 있어 같은 좌석에 두 명의 승객이 배정되었다면 승객에게 즉시 사과하고, 뒤에 탑승한 승객을 잠시 승무원 좌석 등에 대기하게 한다. 그다음 사무장 보고, 지상직 직원 연락 및 소치를 신속히 신행한다.

탑승권을 자주 검사한다고 불평하는 상황 Case 1-2

승객 B가 탑승권을 발급한 후 보안 검색대에서 한 번, 항공기 탑승 게이트 앞에서 또 한 번 탑승권을 검사받았다. 탑승권을 가방에 넣고 비행기에 탑승하려고 하는데, 비행기 입구에서 승무원이 또 탑승권을 보여 달라고 하자 승객 B가 짜증을 냈다. 조금 전에 게이트 앞에서 보여 주었는데 왜 또 귀찮게 보여 달라고 하냐면서 화를 내는 승객에게 어떻게 응대하는 것이 좋을까?

승객과의 가상 대화를 직접 구성해 연습해 보자.

Tip

- 드물지만 게이트를 통과한 후에 비행기를 잘못 타거나 무단으로 비행기를 이용하는 사람이 있으며 테러 등 보안상의 이유도 있어 최근에는 탑승권을 철저히 검사하고 있다.
- 승객 탑승 시에는 탑승권을 검사하는 이유를 길게 설명하기 어려우므로 밝은 미소로 응대하면서 좌석을 안내하여 빠른 탑승을 돕기 위해서라고 답변하는 것이 좋다.

유아를 동반한 승객의 안내

Case 1-3

유아를 안고 짐을 든 승객 C가 탑승하는 것을 보았다. 이 승객에게는 어떻게 서비스하는 것이 좋을까?

승객과의 가상 대화를 직접 구성해 연습해 보자.

Tip

- 승무원이 먼저 승객의 짐을 받아들고 좌석 밑이나 선반에 보관하여 승객이 편안하게 탑승할 수 있도록 배려한다.
- 기내에서 제공 가능한 Baby Bassinet(유아용 요람, 아기 바구니, 아기 침대), 기저귀 등을 담을 수 있는 비닐 주머니, 아기띠, 수유 가림용 덮개 등을 이용할 수 있음을 알리고, 원하는 경우 바로 제공한다.
- 기저귀를 갈 수 있는 유아용 선반이 달린 화장실이 있으면 이곳의 위치도 알리는 등 유아 동반 승객에게 맞춤형 서비스를 제공한다.

일행과 좌석이 떨어져 좌석 재배정을 요구하는 상황 ❶ Case 1-4

신혼여행차 탑승한 신랑 · 신부가 탑승권을 발급할 때 상황이 여의치 않아 자리가 떨어졌다. 신부가 승무원에게 사정을 설명하고 좌석 재배정을 요구한다면 어떻게 응대하는 것이 좋을까?

승객과의 가상 대화를 직접 구성해 연습해 보자.

일행과 좌석이 떨어져 좌석 재배정을 요구하는 상황 ❷ Case 1-4

가족과 떨어져 앉은 승객 D가 승무원 A에게 좌석 재배정이 가능한지 문의했고, 승무원 A가 알아보겠다고 했으나 아무런 조치가 없다. 화가 난 승객 D가 지나가던 승무원 B에게 항의한다면 승무원 B는 어떻게 응대해야 할까?

승객과의 가상 대화를 직접 구성해 연습해 보자.

Tip

- 승무원이 노력해도 좌석을 재배정하기는 쉽지 않다. 불평을 토로하는 승객의 입장에서 불만사항을 진심으로 이해하려는 태도를 보인다.
- 좌석 재배정이 어렵다면 상황을 설명하고 양해를 구한다. 가끔은 기념품을 챙겨 드리는 등 부가 서비스로 승객의 마음을 달래려는 노력도 필요하다.
- 최근에는 사전에 원하는 좌석을 예약하는 경우가 많아서 자리를 바꿔 달라는 승무원의 요청이 오히려 컴플레인 요인이 될 수 있다는 점도 유념한다.
- 1장의 '불만 고객 응대법'을 상기하자: 불만사항에 대한 공감 · 경청 → 사과 → 원인 분석 → 신속한 해결과 대안 제시 → 감사 표현.

좌석 재배정이 어려운 상황 ❶ Case 1-5

승객 E가 창측 좌석을 배정받았으나, 화장실 가기가 불편하고 햇빛이 밝아 통로측 좌석으로 변경해 달라고 요구했다. 승무원은 통로측 좌석에 앉은 승객 몇 분에게 자리 이동을 부탁했지만, 여의치 않았다. 이 경우 승객 E에게 어떻게 응대하는 것이 좋을까?

승객과의 가상 대화를 직접 구성해 연습해 보자.

좌석 재배정이 어려운 상황 ❷ Case 1-5

연세가 지긋한 승객 F가 자리가 좁으니 자리가 넓은 비상구 쪽으로 자리를 바꾸면 안 되겠냐고 요청했다면 어떻게 응대하는 것이 좋을까?

승객과의 가상 대화를 직접 구성해 연습해 보자.

Tip

- 승객의 성향에 맞게 적절히 대응하는 것이 효과적이다.
- 먼저 승객의 불편사항에 대해 적극 공감하고, 상황이 여의치 않았음을 충분히 설명하거나, 다시 한번 해 보겠다며 문제 해결의 의지를 보인다.
- 좌석 재배정이 불가한 경우에는 다른 서비스를 제공하거나 더 잘 해 드리는 방법으로 승객의 마음이 풀리도록 노력한다.
- 비상구 좌석에는 승객 제한 규정이 있음을 잘 설명한다.

승객이 짐을 정리하는 데 문제가 생긴 상황 ❶ Case 1-6

승객들이 탑승하는 중 승객 G가 통로를 막고 짐을 선반에 올리고 있어 탑승이 지연되고 있다. 승객 G의 짐이 조금 많아 곧바로 짐 정리가 어려운 경우에는 어떻게 응대하는 것이 좋을까?

승객과의 가상 대화를 직접 구성해 연습해 보자.

승객이 짐을 정리하는 데 문제가 생긴 상황 ❷

Case 1-6

승객 H가 선반에 짐을 겹쳐 쌓고 있는 모습을 보았다면 어떻게 응대하는 것이 좋을까?

승객과의 가상 대화를 직접 구성해 연습해 보자.

Tip

- 통로에서 오랫동안 짐을 정리하는 경우 탑승하는 다른 승객들의 진입에 방해가 될 수 있음을 정중히 설명한다.
- 짐 정리를 돕거나 우선 좌석 아래에 짐을 보관하게 한 후 다른 승객의 탑승이 어느 정도 마무리되면 짐을 정리하도록 유도한다.
- 짐을 겹쳐 놓는 등 선반 위에 짐을 쌓아올리면 위험 상황(선반을 열 때 짐이 떨어져 다치는 등)이 발생할 수 있음을 설명한 후 다른 선반이나 좌석 밑에 짐을 나누어 보관하도록 안내한다.

승객을 도와 짐을 선반에 올려 주는 상황 ❶ Case 1-7

승객 I가 자신의 자리에 와서 짐을 선반에 올리려고 하는데 혼자 들기에는 조금 버거웠다. 탑승한 승객들이 밀려 들어오고 있어 빨리 짐을 처리하려고 옆에 있는 승무원에게 도움을 청했다. 짐이 꽤 무겁다면 어떻게 응대하는 것이 좋을까?

승객과의 가상 대화를 직접 구성해 연습해 보자.

승객을 도와 짐을 선반에 올려 주는 상황 ❷

Case 1-7

승무원이 승객 J를 대신하여 짐을 선반에 올리다가 실수로 떨어뜨려 자리에 앉아있던 승객 J가 크게 놀랐다. 이 경우에는 어떻게 응대하는 것이 좋을까?

승객과의 가상 대화를 직접 구성해 연습해 보자.

Tip

- 승객의 지원 요청에는 당연히 적극적으로 응하는 것이 원칙이다. 다만, 짐이 매우 크고 무겁다면 지상직 직원을 통해 위탁 수하물로 처리하거나 기내 코트룸 등 여유 공간에 보관하도록 하는 조치를 고려한다.
- 실수로 짐을 떨어뜨린 경우 즉시 정중히 사과한 후 승객이 다치지 않았는지 확인하고, 그에 따른 조치를 한다. 그다음 짐이 손상되지 않았는지 승객과 함께 확인 · 조치하고, 다시 짐을 조심스럽게 선반 위에 올린다.

승무원의 외모나 표정에 대해 불평(비아냥)하는 상황 ❶ Case 1-8

승객 K가 비행기 탑승 시 출입구에서 승객 맞이를 하고 있는 승무원 A를 보고 승무원 B에게 "요즘 승무원은 얼굴을 안 보고 뽑나요?"라며 비아냥거린다면 어떻게 응대하는 것이 좋을까?

승객과의 가상 대화를 직접 구성해 연습해 보자.

승무원의 외모나 표정에 대해 불평(비아냥)하는 상황 ❷ Case 1-8

승객 L이 비행기 탑승 시 출입구에서 승객 맞이를 하고 있는 승무원 C를 보고 승무원 D에게 "승객 맞이를 하는 승무원이 왜 저렇게 인상을 쓰고 있나요? 기분 나쁘게"라며 투덜댄다면 어떻게 응대하는 것이 좋을까?

승객과의 가상 대화를 직접 구성해 연습해 보자.

Tip

- 승객의 불만사항에는 기본적으로 공감해 주는 것이 좋다. 하지만 승객의 의견이더라도 전적으로 동의할 수 없는 내용이 있음을 유념한다.
- 승객의 성향에 따라 업무나 상황에 대해 설명하거나, 불만이 생기지 않도록 조치하겠다는 식의 대응을 한다.

반려동물과 함께 탑승한 상황 Case 1-9

승객 M이 비행 중 케이지에서 반려견을 꺼내 안고 있어도 되는지 물었다. 케이지가 작아 반려견이 답답한 것 같고 계속 낑낑대는데 안아 주면 금방 괜찮아진다고 했다. 이 경우에는 어떻게 응대하는 것이 좋을까?

승객과의 가상 대화를 직접 구성해 연습해 보자.

Tip

- 반려견 동반 승객은 반려견이 불안해할까 봐 많이 걱정하므로 반려견 상태에 대한 정보를 공유하고 필요한 것이 있으면 챙겨 준다.
- 한편 반려견으로 인해 불편할 수 있는 주변 승객의 반응도 유심히 살핀다. 반려견으로 인한 불편에 대해서는 수시로 양해를 구하며 유연하게 대처한다.

4. 기타 상황별 Role-playing 연습

상황 1

승객 A가 발권할 때 분명히 창측 자리를 요구했는데, 탑승해 확인하니 복도측이었다. 이때 승객 A가 "분명 창측으로 준다고 해 놓고, 왜 복도측이에요? 제대로 일처리도 못하나요?"라며 항의한다면 어떻게 응대하는 것이 좋을까?

승객과의 가상 대화를 직접 구성해 연습해 보자.

상황 2

승객 B가 기내 좌석에 앉고 보니 자리가 화장실 바로 옆이었다. "아니 화장실 근처이면 발권할 때 미리 이야기해 줘야 하는 거 아니에요? 시끄럽고, 냄새 나서 도저히 못 앉겠어요. 당장 자리 좀 바꿔 줘요"라며 항의한다면 어떻게 응대해야 할까?

승객과의 가상 대화를 직접 구성해 연습해 보자.

상황 3

승객 C가 자리를 찾고 보니 과자 부스러기가 떨어져 있었다. 여기저기에 쓰레기도 있는 것이 청소가 제대로 안 된 것 같아 기분이 나빴다. “여기 청소 제대로 안 했어요? 비행깃값이 얼만데 이런 데서 앉아 가란 말이에요? 정말 짜증 나네”라며 항의한다면 어떻게 응대해야 할까?

승객과의 가상 대화를 직접 구성해 연습해 보자.

상황 4

처음으로 비행기를 탄 승객 D가 이륙하자마자 속이 울렁거리기 시작해서 장거리 비행시간 동안 도저히 버티기가 힘들 것 같았다. 상위클래스는 자리도 넓고 빈 좌석도 있는 것 같다며 “몸이 안 좋아서 그러는데 저기 앞의 넓은 좌석에 가서 쉬면 안 될까?”라고 요구한다면 어떻게 응대해야 할까?

승객과의 가상 대화를 직접 구성해 연습해 보자.

상황 5

연세가 많아 거동이 불편해 보이는 승객이 탑승하고 있을 때 어떻게 응대해야 하는지 친구들과 토의해 보자. 만약 승객이 지팡이를 가지고 탑승했다면 어떤 조치가 필요한지도 말해 보자.

승객과의 가상 대화를 직접 구성해 연습해 보자.

상황 6

승객 E가 일부러 공항에 일찍 나와서 수속을 했는데도 비행기를 타고 보니 뒷자리를 배정받았다며 항의를 하고 있다. 이 상황에서 어떻게 응대하는 것이 좋은지 역할 연기를 해 보자.

승객과의 가상 대화를 직접 구성해 연습해 보자.

02

이륙 전 지상 서비스

1. 업무 개요

탑승이 완료된 후 이륙하기 전에 승객에게 제공되는 서비스로 항공사별, 클래스별로 차이가 있다. 국제선에서는 First Class나 Business Class에 Welcome Drink를 제공하는 경우가 있으며, 고객의 요구에 따라 편의복과 슬리퍼를 제공하기도 한다.

©Gareth Brown/The Image Bank/Getty Images

일반석에서도 승객의 요구가 있는 경우 담요와 베개, 음료 등을 서비스하기도 하며, 유아를 동반한 경우 Bulkhead Seat에 유아용 요람을 설치하는 등 필요에 따라 승객 맞춤형 서비스를 제공한다.

비상사태 발생 시 비상구 좌석 승객은 승무원을 도와 다른 승객의 탈출을 도와야 하므로 비상구 좌석 승객이 탑승한 경우 승객에게 이와 같은 사항에 대해 개별 브리핑하고, 사전 협조를 구해야 한다. 이때 비상구 좌석 요건에 해당하지 않는 승객(노약자, 임산부, 외국인 등)이 착석했거나, 승객이 승무원의 협조를 거부한다면 관련 규정을 설명한 후 좌석을 재배정한다.

참고로 비상구 좌석은 승객 탈출에 지장이 없도록 등받이가 고정(뒤로 젖히지 않음)되고 좌석 하단에 짐을 둘 수 없으니, 이에 대해 이의를 제기하는 경우 친절하게 설명하도록 한다.

PLUS+

K 항공사 비상구 좌석 관련 규정

■ 비상구 좌석 배정 불가 승객

1. 만 15세 미만이거나 동반자의 도움 없이 하기 2에 열거된 하나 이상의 역할을 수행하기에 불충분한 승객
2. 활동성, 체력 또는 양팔이나 두 손 및 양다리의 민첩성이 아래의 동작을 수행하기 어려운 승객
   - 비상구나 탈출용 슬라이드 조작장치에 대한 접근
   - 탈출용 슬라이드 조작장치를 잡고 밀거나 당기고 돌리는 조작
   - 밀거나 당기거나 하는 등의 동작을 통한 비상구 개방
   - 날개 위 창문형 비상구를 들어 올리거나 분리된 부분을 옆자리로 옮기거나 다음 열로 옮기는 등의 동작
   - 날개 위의 창문형 비상구와 크기와 무게가 비슷한 장애물 제거
   - 신속한 비상구로의 접근
   - 장애물 제거 시 균형 유지
   - 신속한 탈출
   - 탈출용 슬라이드의 전개 또는 팽창 후 안정 유지
   - 탈출용 슬라이드로 탈출한 승객이 슬라이드에서 벗어나게 하는 동작
3. 글 또는 그림의 형태로 제공된 비상 탈출에 관한 지시를 읽고 이해하지 못하거나 승무원의 구두 지시를 이해하지 못하는 승객
4. 콘택트렌즈나 안경을 제외하고 시력 보조장비 없이는 위에 열거한 기능을 하나 이상 수행할 수 없는 승객
5. 일반 보청기를 제외하고 청력 보조장비 없이는 승무원의 탈출 지시를 듣고 이해하지 못하는 승객
6. 다른 승객들에게 정보를 적절하게 전달하는 능력이 부족한 승객
7. 승객의 상태나 책임(만 15세 미만 유소아 동반 승객, 노약자, 비동반 소아, 애완동물 동반 승객 등)으로 인하여 상기 2에 열거된 하나 이상의 역할을 수행하는 데 방해가 되거나 역할을 수행할 경우 해를 입게 되는 승객
8. 비상시 승객을 도와 탈출할 의사가 없는 승객
9. 체크인, 탑승 및 비행 중 알코올, 약물 등에 취한 상태의 승객

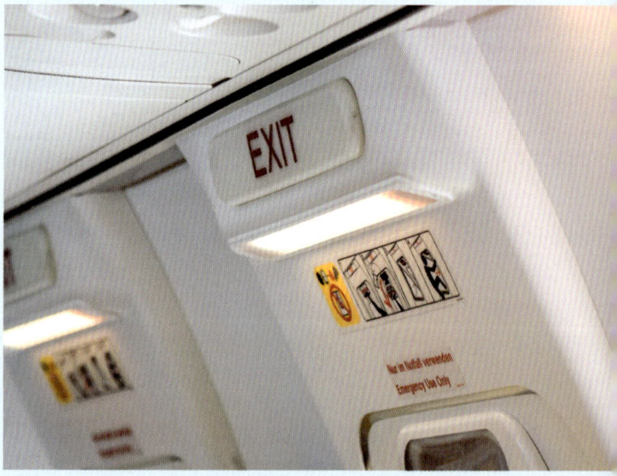

2. 고객 응대 Message 연습

실제 기내 서비스 상황이라고 생각하고 연습해 보자.

▶ (신문 서비스 1) 손님, 신문 보시겠습니까? 일간지와 스포츠 신문이 있습니다. 어떤 신문을 드릴까요?

▶ (신문 서비스 2) 손님, 죄송합니다만 ○○일보는 전부 서비스된 상태입니다. 대신 ◇◇일보와 △△일보가 있는데, 어떠십니까? 보고 계시는 동안 ○○일보 여분이 있는지 다시 한번 확인해 보겠습니다.

▶ (독서등) 손님, 위쪽에 독서등이 있습니다. 제가 켜 드리겠습니다.

▶ (수하물 보관 1) 손님, 죄송합니다만 안전을 위해 술병은 좌석 밑에 보관해 주시겠습니까?

▶ (수하물 보관 2) 손님, 깨지기 쉬운 유리병은 좌석 밑에 보관해 주시면 감사하겠습니다. 안쪽으로 밀어 넣으시면 발을 뻗는 데 큰 불편은 없을 겁니다.

©Westend61/Getty Images

3. 상황별 Role-playing

질병이나 건강 상태 등으로 하기를 요구하는 상황 ❶ Case 2-1

폐쇄공포증(고소공포증)이 있는 승객 A가 중요한 일 때문에 어쩔 수 없이 비행기에 탑승했으나, 막상 탑승하고 보니 증상이 심해졌다. "폐쇄공포증이 있어서 도저히 못 갈 것 같아요. 내려 주면 안 돼요?"라고 요구한다면 어떻게 응대하는 것이 좋을까?

승객과의 가상 대화를 직접 구성해 연습해 보자.

질병이나 건강 상태 등으로 하기를 요구하는 상황 ❷

Case 2-1

비행기 탑승이 완료된 후 이륙하기 직전에 승객 B가 창백한 얼굴로 "나 당뇨가 있는데, 지금 혈당 조절이 안 되고 가슴이 막 뛰어요. 당장 내려야 할 것 같아요"라고 한다면 어떻게 응대하는 것이 좋을까?

승객과의 가상 대화를 직접 구성해 연습해 보자.

Tip

- 단순히 승객이 느끼는 감정적인 불안이라면 개별적인 케어로 승객을 안심시켜 주는 것이 좋다. 그러나 질병이나 건강 이상과 관련된 문제라면 임시 착륙이나 회항의 소지가 있으므로 사무장과 먼저 상의한 후 상황에 따라 하기를 조치할 수도 있다.
- 테러 가능성도 있으므로 기내 수색 등 조치가 필요할 수 있음을 고려한다. 이 같은 상황에서는 반드시 사무장 등에게 즉시 보고하는 것이 중요함을 유념한다.

비행기 출발 지연에 대해 항의하는 상황 ❶ Case 2-2

항공기 정비 관계로 출발이 다소 늦어지고 있었다. 승객 C가 목적지 ㅇㅇ에서 항공기(연결편)를 갈아 타고, 최종 목적지 ㅁㅁ로 가야 하는데, 출발이 계속 지연되면 연결편 탑승에 차질이 있다며 조치해 줄 것을 요구했다. 이 경우 어떻게 응대하는 것이 좋을까?

승객과의 가상 대화를 직접 구성해 연습해 보자.

비행기 출발 지연에 대해 항의하는 상황 ❷

Case 2-2

같은 상황에서 승객 D가 목적지 ㅇㅇ에서 사업계약 미팅이 예정되어 있다며, 이 계약에 차질이 생기면 항공사에 항의하겠다고 불만을 쏟아냈다. 이 경우 어떻게 응대하는 것이 좋을까?

승객과의 가상 대화를 직접 구성해 연습해 보자.

Tip

- 항공기 정비 문제 등 항공사 측 잘못인 경우 승객이 피해를 입지 않도록 대책을 함께 고민, 조치하도록 하고, 승객에게 먼저 사과한다.
- 연결편 항공기 문제는 110분 이상 지연되는 경우 항공사가 책임지게 되어 있음을 감안해 보상 절차를 안내하고, 관련 부서에서 대책을 찾도록 조치한다.
- 사업계약 등의 문제에 대해서는 먼저 정중하게 사과한 후 위성전화나 조종실(Cockpit)의 운항정보 교신시스템(ACARS System) 등을 이용해 계약 상대에게 항공기 지연 사실을 통보할 수 있도록 하는 등 적극적으로 대처하는 모습을 보인다.
- Tarmac Delay(활주로 지연)는 이륙 전이나 착륙 후 기상 악화, 항공기 정비 등으로 항공기가 활주로에 장시간 대기하며 승객들이 기내에 머무는 것이다. 국제선 4시간, 국내선 3시간 이상 지연 시 30분마다 지연 사유와 진전 내용을 방송하고, 음료 · 의료 서비스 등을 지원하는 것이 의무화되어 있다.

아기 요람(Baby Bassinet) 설치를 요구하는 상황 ❶ Case 2-3

승객 E가 유아를 안고 탑승했다. 비행기 안이 좁아서 그런지 아이가 심하게 보채고 불편해하는 것 같으니 아기 요람을 설치해 달라고 요구했다. 아직 비행기가 이륙 대기 중이라면 어떻게 응대해야 할까?

승객과의 가상 대화를 직접 구성해 연습해 보자.

아기 요람(Baby Bassinet) 설치를 요구하는 상황 ❷

Case 2-3

아기 요람을 사용하기에는 아이의 몸집이 너무 큰데, 아기 요람을 설치해 달라고 요구한다면 어떻게 응대해야 할까?

승객과의 가상 대화를 직접 구성해 연습해 보자.

Tip

- 이·착륙 시에는 안전상의 이유로 아기 요람(Baby Bassinet) 설치가 불가능함을 친절하게 설명하고, 이륙 후 안전한 고도에 도달하면 즉시 설치해 줄 것을 약속하며 양해를 구한다.
- 필요 시 아기를 위해 담요나 베개 등을 서비스할 수 있음을 안내한다.
- 대한항공 유아용 요람 이용 기준은 몸무게 11kg 이하, 신장 75cm 이하이고, 항공기 출발 48시간 전에 신청해야 한다.
- 아이의 안전을 위해 반드시 규정을 지켜야 한다. 아기 요람은 두 개의 핀으로 고정되기 때문에 11kg 이상의 아이가 사용한다면 위험할 수 있음을 안내한다.

공항 화장실에 가방을 두고 비행기에 탑승한 상황 Case 2-4

승객 F가 탑승 시간이 임박해 공항에 도착하여 급히 비행기에 탑승한 후 자리에 앉았는데, 가방이 없었다. 탑승하기 전에 들른 공항 화장실에 가방을 두고 온 것 같으니 가방만 빨리 가져오겠다며 내려 줄 것을 간청했다. 비행기 출발 직전이라면 어떻게 응대해야 할까?

승객과의 가상 대화를 직접 구성해 연습해 보자.

Tip

- 우선 승객에게 공항 화장실 위치와 가방의 크기와 색깔 등을 물어본다. 그다음 사무장에게 보고하고, 지상 직원에게 연락해 가방을 찾을 수 있는지 여부를 신속하게 확인한다.
- 만약 화장실에 두고 온 가방에 여권이 있다면 해당 비행기를 탈 수 없으므로 하기해야 하며, 모든 승객이 다시 보안 점검을 받아야 한다는 점을 기억한다.

만삭인 임산부가 탑승한 상황 Case 2-5

이륙 직전에 기내를 둘러보던 중 출산이 임박해 보일 정도로 만삭인 임산부가 불편하게 앉아있는 것을 보았다. 임산부는 탑승 제한 규정이 있다는 사실을 알고 있다. 이런 경우 어떻게 응대해야 할까?

승객과의 가상 대화를 직접 구성해 연습해 보자.

Tip

- 임신 관련 서류를 작성했는지 확인한다. 임신 32주 미만은 자유롭게 탑승하고, 33~36주 임산부는 건강상태 서약서를 제출해야 한다. 임신 37주(다태 임신 33주) 이상은 임산부와 태아의 건강을 위해 탑승할 수 없다.
- 여분의 쿠션을 준비해 주고 수시로 찾아가 비행에 무리가 없는지 확인한다.

4. 기타 상황별 Role-playing 연습

상황 1

비행기 이륙 준비를 막 끝냈다. 기내를 둘러보던 중 술 냄새가 나서 찾아보니 승객 A가 만취 상태로 앉아있었다. 다른 승객들도 불만의 눈초리로 승객 A를 주시하고 있다면 어떻게 응대하는 것이 좋을까?

승객과의 가상 대화를 직접 구성해 연습해 보자.

상황 2

기내를 순회하던 중 안색이 매우 창백해 보이는 승객 B를 발견했다. 이런 경우에는 어떻게 응대하는 것이 좋을까?

승객과의 가상 대화를 직접 구성해 연습해 보자.

03

이 · 착륙 안전조치

1. 업무 개요

사고 발생 위험이 가장 높은 이 · 착륙 직전에는 비상시 탈출 등에 지장이 없도록 꼼꼼하게 안전조치를 실시한다. 먼저 Overhead Bin의 닫힘 상태를 확인하고, Meal Cart 고정, 화장실 내 시설물 점검 등 유동 물건에 의한 사고가 발생하지 않도록 미연에 방지한다.

©Westend61/Brand X Pictures/Getty Images

승객 좌석의 경우 등받이를 바로 세우고, 테이블을 접어 넣고, 창문 덮개를 열어 놓을 수 있도록 방송 안내 후 직접 좌석을 다니며 조치 상태를 확인한다. 이와 같은 조치는 비상사태 발생 시 사고를 방지하고, 탈출을 용이하게 하기 위한 조치인 만큼 이에 대한 승객의 불평이 있다면 친절하게 설명하여 협조를 유도하도록 한다.

그리고 항공기의 무선기기와 항법 장치의 주파수 간섭과 공진 현상을 사전에 예방하기 위해 이 · 착륙 시 휴대폰 등을 사용하지 않도록 친절하게 안내한다.

PLUS+

기내 안내 방송

■ 탑승 환영 방송문 예시

손님 여러분, 안녕하십니까? 오늘도 저희 열정항공을 이용해 주신 여러분께 깊은 감사를 드립니다. 이 비행기는 뉴욕(New York)까지 가는 열정항공 1234편입니다. 목적지인 뉴욕 공항까지 예정된 비행 시간은 이륙 후 10시간입니다. 오늘 홍길동 기장을 비롯한 저희 승무원들은 여러분을 뉴욕까지 정성껏 모시겠습니다. 도움이 필요하시면 언제든지 저희 승무원을 불러 주십시오. 감사합니다.

©Jupiterimages/The Image Bank/Getty Images

■ 도착 10분 전 안내 방송 예시

손님 여러분, 우리 비행기는 곧 착륙하겠습니다. 좌석 등받이와 발 받침대, 테이블을 제자리로 해 주시고, 좌석벨트를 매 주십시오. 또한 비행기가 완전히 멈춘 후 좌석벨트 표시등이 꺼질 때까지 전자기기의 전원을 꺼 주시기 바랍니다. 감사합니다.

2. 고객 응대 Message 연습

실제 기내 서비스 상황이라고 생각하고 연습해 보자.

- 손님, 비행기가 곧 이륙합니다. 좌석벨트를 매 주시겠습니까?
- (아기를 안은 손님) 손님, 아기는 벨트 밖으로 안아 주시겠습니까? 그렇게 하는 것이 아기에게 더 안전합니다. 감사합니다.
- 손님, 실례합니다만, 비행기가 곧 이륙할 예정입니다. 등받침을 세워 주시겠습니까?
- 손님, 다소 불편하시더라도 안전을 위해 이륙할 때에는 등받침을 세워 주시겠습니까? 이륙 후에는 다시 젖히셔도 좋습니다. 협조해 주셔서 감사합니다.
- 손님, 실례합니다만, 이착륙 시에는 창문 덮개를 올려 주시겠습니까?
- 손님, 이곳은 비상시에 탈출구로 사용되는 출구이므로 방해되는 물건이 없어야 합니다. 제가 짐을 다른 곳에 보관해 드려도 될까요?
- 손님, 곧 비행기가 이륙합니다. 죄송합니다만 지금은 화장실을 이용할 수 없습니다. 비행기가 안전한 고도에 이르면 그때 사용해 주시겠습니까? 감사합니다.
- (지연 출발 불만 1) 항공기 정비 관계로 출발이 잠시 지연되고 있습니다. 대단히 죄송합니다. 정비사가 최선을 다하고 있으니 곧 안전하게 출발할 수 있을 겁니다. 너그러운 양해를 부탁드립니다.
- (지연 출발 불만 2) 죄송합니다. 출국 수속 중에 있는 다른 승객들을 기다리느라 출발이 잠시 지연되고 있습니다. 최대한 빨리 탑승이 완료될 수 있도록 하겠습니다. 잠시만 기다려 주시면 감사하겠습니다.

3. 상황별 Role-playing

비행기 이륙 직전에 휴대전화를 사용하는 상황 Case 3-1

이륙 전 안전점검을 하던 중 승객 A가 휴대전화를 사용하는 것을 보았다. 승객 A가 "지금 급하게 꼭 전화할 곳이 있는데, 잠시만 전화하면 안 될까요?" 하며 부탁한다면 어떻게 응대해야 할까?

승객과의 가상 대화를 직접 구성해 연습해 보자.

Tip

- 항공기 운항 중 휴대 전자기기 사용은 전자파 간섭을 유발하는 등 항법 및 통신장비에 영향을 줄 수 있어 엄격히 금지됨을 설명하고 양해를 구한다.

☞ 관련 법령: 항공안전법 제73조(기내 전자기기 사용 제한)

> 국토교통부장관은 운항 중인 항공기의 항행 및 통신장비에 대한 전자파 간섭 등의 영향을 방지하기 위하여 국토교통부령으로 정하는 바에 따라 여객이 지닌 전자기기의 사용을 제한할 수 있다.

- 비행 중 위급한 상황이라면 사무장에게 보고하고, 위성전화를 사용하는 방법을 고려한다.

이·착륙 중 화장실 이용을 원하는 상황 ❶ Case 3-2

비행기 탑승이 끝나고 막 이륙을 위해 Taxiing 중이다. 어린이 승객이 갑자기 배가 아파서 도저히 참을 수 없다며 "화장실이 너무 급한데, 얼른 다녀오면 안 될까요?"라고 간청한다면 어떻게 응대하는 것이 좋을까?

승객과의 가상 대화를 직접 구성해 연습해 보자.

이·착륙 중 화장실 이용을 원하는 상황 ❷

Case 3-2

비행기 Taxiing 중 화장실을 이용하려는 승객 B를 보았다. 이런 경우 어떻게 응대해야 할까?

승객과의 가상 대화를 직접 구성해 연습해 보자.

Tip

- 항공 안전규정상 승객이 다소 불편하더라도 항공기 이동 중에는 화장실을 이용할 수 없음을 설명하고, 가급적 양해를 구한다.
- 하지만 도저히 참을 수 없는 승객에게는 "위험할 수도 있는데 정말 괜찮으시겠습니까?" 등의 말로 반드시 동의를 구한 후 승객을 지접 화장실까지 안내한다.

이·착륙 중 짐을 꺼내려는 상황 ❶ Case 3-3

비행기 Taxiing 중 선반에서 짐을 꺼내려는 승객 C를 보았다. 이런 경우에는 어떻게 응대해야 할까?

승객과의 가상 대화를 직접 구성해 연습해 보자.

이·착륙 중 짐을 꺼내려는 상황 ❷ Case 3-3

비행기 Taxiing 중 승객 D가 승무원에게 맡겨 둔 짐을 가져다 달라고 요청한다면 어떻게 응대해야 할까?

승객과의 가상 대화를 직접 구성해 연습해 보자.

Tip

- 비행기 Taxiing 중 자리에서 일어나는 승객은 즉각 제지한다.
- 비행기가 움직이는 중 급정거하는 경우도 있으며 이때 승객이 넘어져 다칠 우려가 있음을 정중히 설명하고, 이륙이 끝나 안정이 되면 짐을 챙길 것을 요청한다.
- 짐을 가져다 달라고 하는 승객에게도 같은 취지로 설명한다.

4. 기타 상황별 Role-playing 연습

상황 1

이륙 점검을 하는 중 Bulkhead Seat 좌석 아래에 짐을 보관하고 있는 승객 A를 보았다. 승객 A의 Overhead Bin이 이미 다른 승객들의 짐으로 꽉 찼다면 어떻게 응대해야 할까?

승객과의 가상 대화를 직접 구성해 연습해 보자.

상황 2

승객 B는 사업차 비행기를 많이 이용하는 편이다. 그런데 오늘따라 유난히 기름 냄새가 심하다고 불안해하며 무슨 일인지 확인해 달라고 요구한다면 어떻게 응대해야 할까?

승객과의 가상 대화를 직접 구성해 연습해 보자.

상황 3

이륙 준비를 끝내고 Jump Seat에 앉았는데 바로 앞에 앉은 승객 C가 "지금 확인해 보니 내 자리는 좌석 아래에 구명복이 없네요. 자리 옮겨 주세요" 하고 좌석 변경을 요청했다. 만약 오늘 비행편이 만석이라면 어떻게 응대하는 것이 좋을까?

승객과의 가상 대화를 직접 구성해 연습해 보자.

상황 4

승객 D가 조용히 불러서 비상구 좌석에 앉은 승객을 가리키며 "저기 앉은 승객이 어려 보이는데 확인해 봤어요?"라고 물었다. 어려 보이기는 한데 나이를 정확히 모른다면 어떻게 응대해야 할까?

승객과의 가상 대화를 직접 구성해 연습해 보자.

04

식 · 음료 서비스

1. 업무 개요

식 · 음료 서비스는 항공사별, 항공 노선별로 차이가 있기 때문에 모든 서비스를 자세하게 언급하기는 어렵다. 다만 국내선에서는 간단한 음료 서비스만 하고 있으며, 국제선에서는 비행시간에 따라 식 · 음료 서비스 횟수가 결정되므로 비행 전 서비스 매뉴얼을 충분히 숙지해야 한다.

식 · 음료 서비스의 고객 접점은 주문, 음식 전달 및 회수 과정에서 모든 고객에게 발생하며, 다수의 고객을 상대로 한 서비스, 뜨겁거나 쏟을 수 있는 음식물에 대한 서비스라는 점에서 고객 불만사항이 생기지 않도록 세심한 주의를 기울여야 한다.

식 · 음료 서비스 상황에서 고객 불평은 승객이 원하는 음식이 소진된 경우, 음식의 적정 온도, 음식 전달 및 회수 과정에서 승무원의 실수, Meal Tray의 구성 문제, 음식물에 들어 있는 이물질, Special Meal 전달 등 다양한 상황에서 발생할 수 있다. 승무원은 승객 불만이 많은 사례를 사전에 파악하고, 서비스 과정에서 실수가 없도록 노력해야 한다.

©Juan Silva/The Images Bank/Getty Images

©Hispanolistic/E+/Getty Images

PLUS+

기내 음주·흡연·난동 등에 관한 법률

■ 관련 법령

항공보안법에서는 운항 중인 비행기 내에서 음주 · 흡연 · 난동 등의 행위를 금지하고 있으며, 기장 · 승무원의 법 집행 권한 등을 규정하고 있다.

– 항공보안법 제23조(승객의 협조 의무): 승객이 해서는 안 되는 행위 규정

폭언, 고성방가 등 소란행위(제1항 1호), 흡연(2호), 음주 위해(3호), 성적 수치심 유발(4호), 전자기기 사용제한 위반(5호) 등

– 항공보안법 제50조 벌칙: 승객 협조 의무 위반 시 벌칙 규정

운항 중인 비행기 내에서 폭언 등 소란, 음주 위해(3년 이하 징역 또는 3천만 원 이하 벌금) / 흡연, 전자기기 사용제한 위반(1천만 원 이하 벌금)

– 항공보안법 제22조(기장 등의 권한): 기장, 승무원의 법 집행 권한

기장이나 그로부터 권한을 위임받은 승무원들은 항공기 보안을 해치는 행위, 인명 · 재산 피해 행위, 항공기 내 질서나 규율 위반 행위를 제지하기 위해 필요한 조치를 할 수 있다.

아쉽게도 우리나라는 기장 · 승무원의 제지 및 강제력 사용(체포) 절차에 대한 명확한 법적 규정이 없고 외국에 비해 처벌 수위가 낮다.

■ 대응 예시: 승무원의 제지에도 기내 흡연이 계속되는 경우

1차: 제지

승객의 기내 흡연을 발견한 경우 제지한다.

> "고객님! 항공기 내에서는 흡연하시면 안 됩니다. 다른 승객들에게 불편을 끼칠 수 있으니 즉시 꺼 주시기 바랍니다."

2차: 법령 위반 경고

승무원의 제지에도 흡연을 계속하는 경우 법령 위반을 경고한다.

> "고객님! 항공기 내 흡연은 항공보안법 제23조에 따라 엄격히 금지되며, 처벌받으실 수 있습니다. 지금 바로 담배를 꺼 주시기 바랍니다."

3차: 강제력 사용 경고

위반 행위가 계속되는 경우 강제력을 사용하겠다고 경고한다.

> "고객님! 계속 흡연을 하시면 항공보안법 제22조에 따라 직접 제지하겠습니다. 그 전에 담배를 꺼 주시기 바랍니다."

4차: 강제력 행사

3차 경고에도 위반이 계속될 때 최후의 수단으로 강제력을 행사한다.

> "이제 저희가 직접 담뱃불을 끄고, 고객님은 항공보안법 위반으로 경찰에 인계하도록 하겠습니다. 계속 승무원의 지시에 따르지 않으시면 포승이나 수갑 등을 사용할 수 있습니다."

2. 고객 응대 Message 연습

상황에 따라 적절한 응대를 연습해 보자.

- (Towel) 손님, 타월을 사용하시겠습니까? 여기 있습니다. 곧 음료와 식사 서비스를 시작할 예정입니다.
- 손님, 음료를 준비해 드리겠습니다. 오렌지주스 여기 있습니다. 맛있게 드십시오.
- 손님 음료 드리겠습니다. 오렌지주스와 토마토주스, 물, 콜라가 있으며 따뜻한 음료에는 커피와 녹차가 있습니다. 어떤 음료로 하시겠습니까?
- (커피) 설탕과 크림이 필요하십니까? 여기 있습니다. 뜨거우니 조심해서 드십시오.
- (음료가 조금 튀었을 때) 손님, 정말 죄송합니다. 옷이 많이 젖으셨습니까? 제 부주의로 불편을 드려 정말 죄송합니다. 제가 곧 닦아 드리겠습니다.
- (와인) 와인은 레드와인과 화이트와인이 있습니다. Tasting 하시겠습니까? 이 와인은 프랑스 보르도 지역에서 생산된 와인입니다.
- 손님, 식사 준비해 드리겠습니다. 오늘 식사로는 한식 비빔밥과 서양식 쇠고기 스튜가 준비되었습니다. 어떤 것을 드시겠습니까?

©Westend61/Getty Images

상황에 따라 적절한 응대를 연습해 보자.

- 손님, 오늘 주요리로는 쇠고기 갈비구이와 중국식 닭고기 요리가 준비되어 있습니다. 쇠고기 요리에는 레드와인이, 닭고기 요리에는 화이트와인이 어울릴 것 같습니다.
- 네, 주문하신 비빔밥을 드리겠습니다. 국이 뜨거우니 조심하십시오.
- 손님, 식사 드시겠습니까? 오늘 식사로는 비빔밥과 생선요리가 준비되어 있었는데, 한식을 드시는 승객이 많아 비빔밥이 먼저 소진되었습니다. 정말 죄송합니다. 생선요리는 튀긴 대구 살에 버섯 소스를 얹은 요리로 브로콜리와 으깬 감자가 함께 조리된 것입니다. 다음에는 꼭 손님이 원하시는 식사를 드릴 수 있도록 먼저 주문을 받겠습니다. 양해해 주셔서 감사합니다.
- 손님, 식사는 어떠셨습니까? 다 드신 식사 트레이(Tray)는 치워 드리겠습니다. 물이나 와인이 더 필요하시면 말씀해 주십시오.
- 손님, 식사는 세 종류 있습니다. 한식 비빔밥과 감자를 곁들인 쇠고기, 파스타를 곁들인 닭고기입니다. 어느 것으로 드시겠습니까?

©ViewStock/Getty Images

3. 상황별 Role-playing

식·음료 서비스 중 실수로 음식물이 튄 상황 ❶ Case 4-1

기내 음료 서비스 중 승객 B의 발(짐)에 부딪히면서 서비스 중인 커피가 승객 A의 옷에 튀었다면 어떻게 응대하는 것이 좋을까?

승객과의 가상 대화를 직접 구성해 연습해 보자.

식·음료 서비스 중 실수로 음식물이 튄 상황 ❷ Case 4-1

일등석 식사 서비스 중 항공기가 흔들리면서 와인을 승객 B에게 쏟았다. 승객 B가 "이게 얼마짜리 옷인지 알아요?" 하고 크게 화를 내며 즉각적인 보상을 요구한다면 어떻게 응대하는 것이 좋을까?

승객과의 가상 대화를 직접 구성해 연습해 보자.

Tip

- 이와 같은 실수는 식 · 음료 서비스 중 언제든 발생할 수 있다.
- 승무원이 할 수 있는 일은 즉각적인 사과와 오염이 더 번지지 않도록 처리하고, 젖은 타월 제공, 이불을 깔거나 커버 교체, 좌석 재배정 등이며, 항공사에 따라 세탁 쿠폰이나 세탁비를 보상해 주는 정도이다.
- 승객이 세탁비를 넘어서 그 이상을 보상해 줄 것을 요구하는 경우에는 즉시 해결하기 어려운 점에 대해 양해를 구하고, 항공사 고객 만족팀(보상팀)을 통해 조치하도록 한다. 승객에게 그 절차에 대해 잘 안내한다.
- 서비스 도중 범한 실수이므로 피해를 본 승객의 마음이 풀리도록 끝까지 최선을 다해 서비스를 제공하는 것이 좋다.

서비스된 음료가 미지근하다고 불평하는 상황 ❶ Case 4-2

승객 C가 다 식어 차가워진 커피를 서비스받아 기분이 상했다. "커피가 다 식어서 먹을 수가 없잖아요. 이걸 어떻게 먹으란 말이에요"라며 항의한다면 어떻게 응대하는 것이 좋을까?

승객과의 가상 대화를 직접 구성해 연습해 보자.

서비스된 음료가 미지근하다고 불평하는 상황 ❷ Case 4-2

콜라 서비스를 받은 승객 D가 "콜라가 왜 이렇게 미지근해요? 시원할 줄 알았는데" 하며 승무원들이 다 듣게 큰소리로 불평을 한다면 어떻게 응대하는 것이 좋을까?

승객과의 가상 대화를 직접 구성해 연습해 보자.

Tip

- 음료 서비스의 기본은 시원한 음료는 시원하게, 따듯한 음료는 따듯하게 제공하는 것이다. 이를 확인하지 않고 서비스했다면 승무원의 실수이다.
- 승객을 불편하게 한 점과 승무원의 실수에 대해 정중하게 사과하고, 즉시 음료를 다시 준비하여 서비스한다.

외국인 승객이 비빔밥 먹는 방법을 제대로 모르는 상황 Case 4-3

외국인 승객 E가 비빔밥을 주문했다. 그러나 처음 먹는 음식이어서 먹는 방법을 몰라 도움을 청한다면 어떻게 응대하는 것이 좋을까?

승객과의 가상 대화를 직접 구성해 연습해 보자.

Tip

- 외국인 승객을 위한 '비빔밥 먹는 요령'이 적힌 설명서를 보여 주며 고추장의 양을 적절히 조절하도록 설명한다.
- 영어를 알아듣지 못하는 승객에게는 비빔밥 트레이를 직접 보여 주면서 설명한다.

고추장을 추가로 요구하는 상황 Case 4-4

연세가 지긋한 승객 F가 외국에 체류하는 동안 먹게 될 음식 때문에 걱정이 태산이었다. 마침 기내식사에 나온 고추장이 마음에 든 승객 F가 외국에 있는 동안 먹겠다며 고추장을 여러 개 더 챙겨 달라고 부탁했다. 이 경우 어떻게 응대하는 것이 좋을까?

승객과의 가상 대화를 직접 구성해 연습해 보자.

Tip

- 고추장을 요구하는 승객이 한 사람이라면 몇 개 챙겨 줄 수 있지만, 이를 보고 있던 주변 승객들의 요구가 많아질 것도 고려해야 한다.
- 고추장이 부족하거나 승객들의 요구가 많다면 사정을 설명하고, 면세품 판매용 고추장을 권하는 것도 한 방법이다.

Galley(식사 준비) 소음에 대해 불평하는 상황 Case 4-5

기내 Galley(주방) 근처에 앉은 승객 G가 달그락거리는 소리 때문에 도무지 잠을 잘 수 없다면서 "안에서 도대체 뭘 하길래 그렇게 시끄러워요? 잠을 못 자겠잖아요"라고 불평한다면 어떻게 응대해야 할까?

승객과의 가상 대화를 직접 구성해 연습해 보자.

Tip

- Galley 시설물은 대부분 철제로 되어 있어 조심한다고 해도 어느 정도의 소음 발생은 불가피하다.
- 시끄럽다고 불평하는 승객에게는 먼저 정중히 사과하고, 소음 발생 이유 등을 설명한 후 양해를 구한다. 여의치 않을 경우 좌석을 바꿔 주는 것도 고려한다.

식사를 추가로 요구하는 상황 Case 4-6

해외여행이 처음인 승객 H는 배가 고픈데다 처음 먹어 보는 기내식에 대한 기대가 컸다. 식사 서비스 중 '비빔밥과 양식' 중 어떤 식사를 원하느냐는 질문에 승객 H가 '양식'을 선택하면서 '비빔밥'도 같이 먹고 싶다며 추가 식사를 요구했다. 이 경우 어떻게 응대하는 것이 좋을까?

승객과의 가상 대화를 직접 구성해 연습해 보자.

Tip

- 기내식은 수량이 한정되므로 모든 승객들에게 배식이 끝나기 전까지는 특정 승객의 요구가 있다고 하더라도 식사를 추가로 제공할 수 없다.
- 다만, 식사 서비스가 끝난 후 여유분이 있다면 추가로 제공할 수 있음을 설명하고 양해를 구한다. 여유분이 없다면 음료나 스낵을 권해 승객의 아쉬움을 덜어 주려는 노력도 해야 한다.

음료에 이물질이 있거나 음식에 이상이 있는 상황 ❶ Case 4-7

음료수를 마시려다 검은색 이물질이 둥둥 떠 있는 것을 본 승객 I가 "이런 걸 먹으라고 주면 어떡해요?"라며 항의한다면 어떻게 응대해야 할까?

승객과의 가상 대화를 직접 구성해 연습해 보자.

음료에 이물질이 있거나 음식에 이상이 있는 상황 ❷ Case 4-7

승객 J가 점심으로 서비스된 비빔밥에서 시큼한 냄새가 난다고 항의를 한다. 그러나 승무원이 보기에 별 이상이 없다면 어떻게 응대하는 것이 좋을까?

승객과의 가상 대화를 직접 구성해 연습해 보자.

Tip

- 먼저 승객이 불쾌감을 느낀 것에 정중히 사과하고, 새 음료나 식사를 즉시 준비해 제공한다.
- 머리카락이나 이물질 등이 서비스 과정이 아니라 음식 조리 과정에서 발생한 것으로 의심되면 재발 방지를 위해 사무장에게 보고하고 관련 부서에서 조치하도록 한다.

추가 식사나 다른 메뉴를 요구하는 상황 ❶ Case 4-8

운동선수인 승객 K가 제공된 식사를 모두 먹었지만 여전히 배가 고팠다. "하나로는 양이 안 차서 배가 고픈데 식사를 하나 더 받을 순 없나요?"라며 추가 식사를 요구한다면 어떻게 응대하는 것이 좋을까?

승객과의 가상 대화를 직접 구성해 연습해 보자.

추가 식사나 다른 메뉴를 요구하는 상황 ❷ Case 4-8

승객 L이 출장이 잦아 한 달에 두세 번 베트남으로 출장을 간다. 그런데 매번 기내식 메뉴가 같아서 조금 불만이었다. 그런데 이번에도 똑같은 기내식이 나오자 다른 메뉴로 바꿔 달라고 요구한다면 어떻게 응대하는 것이 좋을까?

승객과의 가상 대화를 직접 구성해 연습해 보자.

Tip

- 먼저 식사를 하지 않은 승객이 있는지 확인해 보고 남은 식사를 제공하거나 여의치 않다면 빵이나 음료를 서비스하는 방법을 검토한다.
- 항공사 기내식은 일반적으로 분기별로 메뉴가 변경되므로 자주 비행기를 이용하는 분들에게는 메뉴가 다소 식상할 수 있음을 이해한다.
- 승객이 느낀 불편에 대해서는 늘 먼저 공감하는 자세를 지닌다.

예약 주문한 식사가 제대로 제공되지 못한 상황 ❶ Case 4-9

채식주의자인 승객 M이 특별식을 예약할 때 'Vegetarian Meal'을 주문했다. 하지만 실수가 있어 예약 주문이 제대로 반영되지 않았다. 승객 M이 채식이 아니면 식사를 하지 못한다고 항의한다면 어떻게 응대해야 할까?

승객과의 가상 대화를 직접 구성해 연습해 보자.

예약 주문한 식사가 제대로 제공되지 못한 상황 ❷ Case 4-9

Child Meal을 주문한 승객 N이 아무리 기다려도 식사가 제공되지 않았고 아이는 배가 고프다고 칭얼거렸다. 확인해 보니 다른 아이에게 식사가 제공되어 이미 그 아이가 먹고 있는 중이었다. 이 경우 어떻게 응대해야 할까?

승객과의 가상 대화를 직접 구성해 연습해 보자.

Tip

- 항공사의 잘못이 명백하므로 먼저 정중하게 사과한다.
- Vegetarian Meal, Child Meal이 있는지 다시 확인하고, 없다면 사무장에게 보고한 후 상위클래스에서 조치할 수 있는지 확인한다.
- 어린이 기념품이 탑재되었는지 확인한 후, 탑재되었다면 서비스한다.

항공기에 탑재되지 않은 음료를 요구하는 상황 ❶ Case 4-10

외국 여행을 자주 하는 승객 O가 국내선에서도 음료 서비스가 되는 줄 알고 맥주나 위스키를 요구한다면 어떻게 응대해야 할까?

승객과의 가상 대화를 직접 구성해 연습해 보자.

항공기에 탑재되지 않은 음료를 요구하는 상황 ❷ Case 4-10

승객 P가 항공기에 탑재되지 않은 캔 커피나 아이스크림을 요구한다면 어떻게 응대하는 것이 좋을까?

승객과의 가상 대화를 직접 구성해 연습해 보자.

Tip

- 먼저 승객이 요구하는 음료가 탑재되지 않는다거나 국내선에서는 음료 서비스를 하지 않는다는 점을 설명한다.
- 서비스 가능한 다른 음료가 있다면 그 음료를 승객에게 권한다.

4. 기타 상황별 Role-playing 연습

상황 1

위스키를 많이 마셔 취기가 오른 승객 A가 기내의 이곳저곳을 돌아다니며 승무원에게 실없이 말을 걸거나 공연히 소란을 피우고 있다. 이 상황에서 승객 A를 불쾌하게 하지 않고 제자리로 돌려보낼 응대 방법을 고민해 보자.

승객과의 가상 대화를 직접 구성해 연습해 보자.

상황 2

위스키를 여러 잔 마시고 만취한 승객 B가 추가로 위스키를 주문했다. 승무원이 괜찮겠냐고 묻자 "내 주량이 얼만데, 더 먹어도 되니깐 술 빨리 더 가져와"라고 고집을 부린다면 어떻게 응대해야 할까? 만약 만취한 승객 B가 난동을 부리는 상황에까지 이른다면 어떻게 해야 할까?

승객과의 가상 대화를 직접 구성해 연습해 보자.

상황 3

식사 후 커피 서비스를 하던 중 승무원 호출 버튼이 울려서 가 보니 승객 C가 기내식을 받지 못했다고 항의한다. 이런 경우 어떻게 응대해야 할까?

승객과의 가상 대화를 직접 구성해 연습해 보자.

상황 4

와인 한 잔을 서비스받아 마신 일반석 승객 D가 술맛이 좋아 여러 잔을 마시고 싶으니 한 병을 통째로 주면 자신이 알아서 편하게 마시겠다고 한다. 이 경우 어떻게 응대하는 것이 좋을까?

승객과의 가상 대화를 직접 구성해 연습해 보자.

05

기내 면세품 판매

1. 업무 개요

국제선의 경우 기내에서 면세품을 구입할 수 있다. A380 기종의 경우 별도의 면세품 판매 공간이 마련되어 있어 비행 중 승객이 직접 제품을 확인하고 구매할 수 있으나, 기타 기종의 경우 기내 판매용 카트(Cart) 또는 좌석에 비치된 브로슈어(Brochure)를 보고 제품을 구매한다.

일반적으로 기내 면세품 판매 전에 기내 판매 비디오를 상영하여 승객에게 면세품 판매 정보를 미리 알려 준다. 온라인 사전 주문제도를 이용한 승객에게는 구입한 물품을 기내에서 전달한다.

면세품 판매와 관련해서는 입국 국가의 면세 허용량(우리나라의 경우 1인당 USD 600)을 정확하게 숙지하여, 특히 허용 액체 중량(1L 이내)을 초과하지 않도록 승객에게 안내한다.

기내 면세품 판매도 객실 서비스의 일부이나 휴식을 취하는 승객에게 방해가 되지 않도록 주의해야 하며, 서비스의 공백이 발생하지 않도록 해야 한다.

PLUS+

국가별 면세 한도

국가	주류	담배류	면세액
한국	2병(2L)	1보루(200개비) 엽궐련* 50개피	$800 이내
미국	1병(1L)	1보루 엽궐련 50개비	$100 이내
중국	2병	2보루	2,000위안 이내
일본	3병	2보루	20만 엔 이내
영국	2L(22% 이하) 1L(22% 초과)	1보루 엽궐련 50개피	430유로 이내
프랑스	2L(22% 이하) 1L(22% 초과)	1보루	430유로 이내
독일	2L(22% 이하) 1L(22% 초과)	1보루 엽궐련 50개피	430유로 이내
호주	2.25L	250개비	호주 $900 이내
뉴질랜드	4.5L(와인, 맥주) 3병(기타 술)	1보루	뉴질랜드 $700 이내
캐나다	1병	1보루	캐나다 $60 이내
태국	1L	1보루	10,000바트 이내
필리핀	2병(1L 이하)	2보루 엽궐련 50개피	0원(면세 안 됨)
싱가포르	1L	면세 안 됨	한도 없음

* 엽궐련: 담뱃잎을 통째로 돌돌 말아서 만든 담배

2. 고객 응대 Message 연습

실제 기내 서비스 상황이라고 생각하고 연습해 보자.

- 기내 면세품을 판매하고 있습니다. 천천히 살펴보시고, 필요한 게 있으시면 편히 말씀해 주십시오.
- 좌석 주머니에 면세품 안내 책자가 있습니다. 가격과 제품 설명을 보시고, 필요한 게 있으시면 승무원에게 말씀해 주십시오.
- 지금 면세품을 판매하고 있습니다. 자리에 앉아 계시다가 면세품 판매 카트가 지나갈 때 편하게 구입하시면 됩니다.
- 주문하신 물품이 맞는지 확인해 보시겠습니까? 현금과 카드 계산이 가능합니다.
- 현금은 원화, 달러, 유로화, 엔화, 위안화만 가능합니다.
- 사인 부탁드립니다. 영수증은 여기 있습니다. 구입해 주셔서 감사합니다.

©yacobchuk/iStock/Getty Images Plus

3. 상황별 Role-playing

기내 면세품 품질에 불만을 표시하는 상황 Case 5-1

면세품 브로슈어를 보고 있던 승객 A가 기내에서 판매하는 기념품의 품질이 낮아 보이고 종류가 다양하지 않다며 불만을 표시했다. 이 경우 어떻게 응대하는 것이 좋을까?

승객과의 가상 대화를 직접 구성해 연습해 보자.

Tip

- 바로 해결할 수 없는 불만사항에 당황하지 말고, 먼저 승객의 마음에 들지 않는 부분에 대해 아쉬움을 표하는 등 승객의 말을 경청하고 승객의 입장에서 공감한다.
- 해당 부서에서 최고의 면세품(기념품)을 제공하기 위해 노력하고 있음을 설명하고, 승객에게 좋은 의견이나 아이디어가 있다면 해당 부서에 전달하여 서비스를 개선하도록 노력하겠다는 식의 응대도 좋다.
- 기내 면세품의 품질과 종류가 승무원의 권한 밖 일이라는 이유로 잘 모르겠다는 식의 소극적 응대를 하지 않도록 주의한다.

기내 면세품 판매 시 소음에 대한 불편을 호소하는 상황 Case 5-2

승객 B가 피곤해서 잠을 청했으나 기내 면세품 판매로 시끌벅적하고 조명이 밝아 도저히 잠을 이룰 수가 없었다. "면세품 좀 그만 팔고 불 좀 꺼 줄 수 없나요?"라고 호소한다면 어떻게 응대하는 것이 좋을까?

승객과의 가상 대화를 직접 구성해 연습해 보자.

Tip

- 승객이 불편한 부분에 대해서는 먼저 정중히 사과하고, 면세품 판매를 언제까지 할 것인지 자세한 정보를 알려 준다.
- 안대나 귀마개를 권하여 제공하고, 최대한 빠른 시간에 면세품 판매를 마무리할 예정이니 조금만 양해해 줄 것을 부탁한다.

면세 허용량을 초과해 면세품을 구입하는 상황 ❶ Case 5-3

기내 면세품 판매 중 과하게 면세품(주류 · 담배 등)을 주문하고 있는 승객 C를 보았다. 목적지 국가의 면세 허용량을 초과한 것이 분명하다면 어떻게 응대하는 것이 좋을까?

승객과의 가상 대화를 직접 구성해 연습해 보자.

면세 허용량을 초과해 면세품을 구입하는 상황 ❷ Case 5-3

같은 상황에서 승객 D가 선물할 사람이 많아서 꼭 필요하다며, 나중에 비행기에서 나갈 때 조금만 나눠서 들고 가 줄 것을 요구한다면 어떻게 응대하는 것이 좋을까?

승객과의 가상 대화를 직접 구성해 연습해 보자.

Tip

- 간혹 면세 허용량을 정확히 알지 못하는 승객이 있으므로 목적지 국가의 면세 허용량, 초과분에 대한 세금, 자진신고에 대해 자세히 안내한다.
- 다른 사람의 면세품 반입을 돕는 것은 절대 허용되지 않으므로 정중히 거절한다.

승객이 구입하고 싶은 면세품이 매진된 상황 Case 5-4

승객 E가 면세품 브로슈어를 보다 ㅇㅇ사의 립스틱이 마음에 들어 승무원에게 구매 요청을 했다. 하지만 이 제품은 인기가 좋아서 이미 기내 재고가 소진된 상태였다. 이 경우 어떻게 응대하는 것이 좋을까?

승객과의 가상 대화를 직접 구성해 연습해 보자.

Tip

- 먼저 승객에게 면세품을 충분히 준비하지 못한 점에 대해 정중히 사과한다. 상황에 따라 재고가 있는 면세품을 추천하는 것도 좋다.
- 자주 해외여행을 한다면 면세품 사전예약 서비스를 안내하여 미리 원하는 제품을 예약, 구매할 수 있도록 한다.

4. 기타 상황별 Role-playing 연습

상황 1

승객 A가 바쁜 일정으로 공항 면세점을 이용하지 못해 선물을 기내에서 구입할 생각이었다. 하지만 비행시간이 짧아 면세품 판매를 짧게 진행했고, 이 사실을 승객 A는 알지 못했다. 착륙 준비 시간에 승객 A가 "왜 면세품을 판매하지 않아요?"라며 불평한다면 어떻게 응대해야 할까?

승객과의 가상 대화를 직접 구성해 연습해 보자.

상황 2

승객 B가 온라인으로 면세품을 사전 주문하고 기내에서 주문한 면세품을 가져다줄 것을 요청했는데, 확인해 보니 주문한 면세품이 탑재되지 않았다. 이 경우 어떻게 응대하는 것이 좋을까?

승객과의 가상 대화를 직접 구성해 연습해 보자.

상황 3

착륙 준비를 위해 Walk Around를 하는 중에 승객 C가 면세품을 주문하여 기내 판매 담당자에게 확인해 보니 판매가 이미 종료된 후였다. 상황을 설명했지만, 꼭 면세품을 구입해야 한다며 고집을 부린다면 어떻게 해야 할까?

승객과의 가상 대화를 직접 구성해 연습해 보자.

06

엔터테인먼트 제공 및 입국 서류 작성 지원

1. 업무 개요

장시간 비행하는 승객의 무료함을 덜어 주고 즐거운 여행이 될 수 있도록 항공사에서는 기본적으로 엔터테인먼트 서비스를 제공한다. 항공사 및 항공기 기종에 따라 구체적인 서비스 내용은 차이가 날 수 있으나 기본적인 내용은 다음과 같다.

- 영화 · 드라마 · TV 등 영상물
- 다양한 장르의 음악
- 신문 · 도서 · 잡지
- 바둑 · 체스 · 게임기
- 무선 인터넷

©Kathleen Finlay/Image Source/Getty Images

©andresr/E+/Getty Images

기내 엔터테인먼트 서비스는 공용 스크린, AVOD(Audio & Video On Demand), IVS(Individual Video System) 등을 통해 제공하며, 각각의 사용법을 미리 숙지하여 서비스를 이용하고자 하는 승객에게 친절하게 안내하도록 한다.

승객이 최종 목적지 국가에 입국하기 위해서는 여권, 비자와 함께 기내에서 배포하는 출입국 서류, 세관 서류, 검역 설문서를 작성해야 한다. 객실 승무원은 승객의 입국 편의를 위해 식 · 음료 등의 서비스가 종료되고 난 후 목적지 국가의 입국 서류를 승객에게 배포하여 항공기가 도착하기 전까지 서류를 작성할 수 있도록 한다.

이때 국가마다 입국 규정이 다르므로 목적지 국가의 검역, 세관, 입국 규정을 사전에 숙지해야 하며, 어르신, 보호자 비동반 승객(UM) 등 서류 작성이 어려운 승객은 승무원이 직접 돕도록 한다. 영어로 작성해야 하는 경우 반드시 대문자로 작성해야 한다는 점을 유념한다.

PLUS+

입국 절차

나라별 입국 절차는 해당 국가에서 요구하는 기준이나 국제 상황에 따라 조금씩 차이가 날 수 있으나, 대부분 유사한 절차를 거친다. 따라서 우리나라의 입국 절차를 먼저 제대로 이해하는 것이 중요하다.

■ 외국인의 대한민국 입국 절차

단계	내용
공항 도착 전 (기내 서류 작성)	– 입국 신고서, 세관 신고서, 건강상태 질문서 등을 작성함 – 입국 국가에 따라 작성해야 할 서류가 달라질 수 있으나, 대부분 입국 신고서 및 세관 신고서를 요구함
공항 도착 및 검역	– 모든 해외여행자는 발열 검사를 받으며, 검역 감염병 발생 국가에서 입국 시 건강상태 질문서를 제출해야 함 – 검역 결과에 이상이 있는 경우 격리 · 병원 후송 등을 조치함
입국 심사	– 외국인은 유효한 여권과 입국 신고서를 가지고, 출입국관리 공무원의 입국 심사를 받아야 함 – 내국인 해외여행자는 자동 출입국 심사가 가능함
수하물 찾기	– 입국 심사 후 지정된 수하물 수취대에서 수하물을 찾음
세관 검사	– 수하물을 찾은 후에는 면세통로(세관 신고 물품 없음) 또는 세관 검사통로 중 하나를 선택해 나갈 수 있음 – 세관의 휴대품은 X-ray 검색기와 문형금속탐지를 이용한 간이검사를 받고, 필요한 경우 가방을 열어 검사를 받을 수 있음 – 휴대 반입한 물품이 면세 범위를 초과하거나 반입이 제한된 물품을 반입한 경우에 물품은 세관에 유치됨
입국 완료	– 귀가

2. 고객 응대 Message 연습

실제 기내 서비스 상황이라고 생각하고 연습해 보자.

▶ 영화 보시는 방법을 알려 드리겠습니다. 혹시 더 궁금하신 점이 있으십니까?

▶ 불편을 끼쳐 죄송합니다. 제가 바로 리셋해 드리겠습니다. 다시 사용하시는 데 4~5분 정도 소요됩니다. 잠시만 기다려 주시겠습니까?

▶ 손님, 미국 입국에 필요한 서류를 드리겠습니다. 입국 서류와 세관 신고서이며, 세관 신고서는 가족당 1부만 작성하시면 됩니다.

▶ 입국 서류는 반드시 영어 대문자로 기입해 주시기 바랍니다. 그리고 체류하실 곳의 주소를 정확히 기재하셔야 합니다. 작성이 어려우신 분은 승무원에게 말씀해 주십시오. 바로 도와드리겠습니다.

▶ 미국 입국 시 면세 기준은 1인당 술 1리터와 담배 1보루 또는 50개피이며, 담배 및 주류는 21세 이상의 승객에게만 허용됩니다. 미화 만 불 이상과 식품류는 반드시 세관에 신고해야 하니 참고하시기 바랍니다.

©Stefan Klein/Getty Images

3. 상황별 Role-playing

창문의 햇빛이 밝아 영화 관람에 방해가 되는 상황 Case 6-1

영화를 상영하는 시간에 통로측 좌석의 승객 A가 창문 덮개가 열려 있어 화면이 잘 보이지 않는다고 한다면 어떻게 응대하는 것이 좋을까?

승객과의 가상 대화를 직접 구성해 연습해 보자.

Tip

- 해당 승객의 불편을 해소하려면 다른 승객의 양해를 구해야 하는 상황이다.
- 먼저 불편을 겪는 승객의 상황을 공감하고, 창측 승객에게 양해를 구해 창문 덮개를 내리도록 한다. 이때 쿠션 언어를 적절히 사용하여 승객의 기분이 상하지 않도록 부드러운 분위기를 조성한다.

☞ 쿠션 언어 예시: 죄송합니다만~, 실례합니다만~, 수고스러우시겠지만~, 양해해 주신다면~, 괜찮으시다면~, 비쁘시겠지만~

면세 범위가 초과된 경우 세금 신고서 작성 안내 Case 6-2

오랜만에 해외여행을 다녀온 승객 B가 가족에게 줄 선물을 여러 개 구입했다. 면세점에서는 생각하지 못했는데, 기내에서 입국 서류(세금 신고서)를 작성하려고 보니 면세 범위를 약간 초과했다. 이 정도면 괜찮을 것이라고 생각했지만 걱정이 되어 어떻게 해야 할지 묻는다면 어떻게 응대해야 할까?

승객과의 가상 대화를 직접 구성해 연습해 보자.

Tip

- 해외여행을 자주 하지 않는다면 입국 서류 작성에 어려움을 겪게 되며, 이외에도 서류 작성과 관련된 문의가 빈번하다.
- 입국 서류는 해당 국가에서 정한 규정이므로 작성 요령을 비롯하여 관련 정보를 정확히 제공하되, 승무원의 개인적 견해를 말하는 것은 지양하는 것이 좋다.

옆좌석 독서등, 작은 소음 등으로 취침의 어려움을 호소 Case 6-3

승객 C가 피곤하여 잠을 자고 싶지만 옆좌석 승객이 독서등을 켜고 책을 읽거나 영화를 보면서 작은 소음을 내고 있어 잠들지 못하고 있다. 승무원에게 도움을 요청한다면 어떻게 응대하는 것이 좋을까?

승객과의 가상 대화를 직접 구성해 연습해 보자.

Tip

- 독서등을 켜고 책을 읽거나 영화를 감상하는 것은 승객의 정당한 권한이므로 상황을 설명하고 양해를 구할 수는 있지만, 독서등을 꺼 달라고 강요할 수는 없다.
- 일단 불편을 호소하는 승객의 심정을 공감한 후 안대나 귀마개, 따뜻한 차 등을 제공하여 취침을 돕는 조치를 한다.

4. 기타 상황별 Role-playing 연습

상황 1

연세가 지긋한 승객 A와 일행 10여 분이 첫 해외여행에 나섰다. 승무원이 여행지에 도착하기 전에 입국 서류, 출입국 서류, 세관 신고서 등 여러 서류를 작성해야 한다고 하는데, 방법을 몰라 막막하기만 하다. 승객 A가 서류를 직접 작성해 달라고 한다면 어떻게 응대하는 것이 좋을까?

승객과의 가상 대화를 직접 구성해 연습해 보자.

상황 2

승객 B가 늦게 체크인을 하여 좌석도 중간자리에 앉았는데, AVOD까지 제대로 작동하지 않아서 화가 났다. 이 경우 어떻게 응대하는 것이 좋을까?

승객과의 가상 대화를 직접 구성해 연습해 보자.

07

비행 중 개인 서비스

1. 업무 개요

비행 중 특정 서비스를 제공하지 않는 시간에 승무원은 각자의 담당구역을 15분 간격으로 순회(Cabin Walk Around)하거나, 승객의 가시권에서 대기하며 승객이 필요로 하는 사항을 미리 찾아 조치한다.

승객의 상태에 따라 객실 온도와 조명을 조절하고, 객실 잡지꽂이(Magazine Rack)를 정리해 두거나 화장실, 비상구 주변, 객실 뒤쪽 등 안전에 취약한 지역을 미리 점검하여 비상사태 발생에 대비하도록 한다.

화장실 용품 및 비품을 최소 30분 간격으로 점검하여 승객이 화장실을 이용하는 데 불편하지 않도록 하며, 특히 식사 서비스 전후에는 많은 승객들이 이용하므로 청결 유지에도 꼼꼼하게 신경을 쓴다.

독서 · 영화 관람을 하는 승객에게는 독서등을 안내하고 음료수나 간식을 권한다거나 취침을 원하는 승객에게 베개 · 모포 · 안대 등을 서비스한다. 또 무료한 승객에게는 독서물 · 오락용품을 제안하는 등 승객에게 먼저 다가가는 적극적인 서비스를 제공하는 모습을 보이도록 한다.

승객 호출 시에는 즉각 응대해야 하며, 승객의 요구사항이 있으면 메모지를 활용하여 승객의 요구를 잊지 않고 진심으로 해결하려는 자세를 지녀야 한다.

©BraunS/E+/Getty Images

PLUS+

객실 조명 조절

■ 업무 개요

- 승객 탑승 및 하기, 비행기 이 · 착륙, 기내 서비스, 승객 휴식 등 기내 서비스 단계별로 승객의 안전을 보호하고 편안한 환경을 조성하기 위해 객실 조명을 조절한다.
- 서비스 단계별로 권장하는 조명의 밝기 단계가 있으나, 주변의 상황 및 승객의 선호에 따라 유연하게 조절할 필요가 있다.
- 조명의 밝기 조절 시 승객의 조도 적용을 위해 단계적으로 약 20초 정도의 시간을 두고 조절한다.

■ 조명의 밝기 단계

■ 기내 서비스 단계별 권장 조도

서비스 단계	권장 조도
승객 탑승 및 하기	Full Bright
비행기 이륙 및 착륙	Dim
기내 서비스	Full Bright 또는 Bright
면세품 판매	Full Bright 또는 Bright (상황에 따라 Dim)
영화 상영 및 휴식	Night

2. 고객 응대 Message 연습

실제 기내 서비스 상황이라고 생각하고 연습해 보자.

▶ 지금은 기류가 불안정하니 화장실은 잠시 후에 이용해 주시겠습니까?

▶ 음료는 셀프 서비스 바에서 자유롭게 드실 수 있습니다.

▶ 네, 잠시만 기다려 주시겠습니까? 바로 가져다드리겠습니다.

▶ 네, 무엇을 도와드릴까요?

▶ 네, 알겠습니다. 지금 바로 확인해 보겠습니다.

▶ 실례합니다. 다 드신 컵을 치워 드릴까요?

▶ 괜찮으시다면, 잠시 화장실을 점검해도 되겠습니까?

▶ 죄송합니다. 카트 지나가겠습니다. 발 조심하십시오.

©Hispanolistic/E+/Getty Images

3. 상황별 Role-playing

탑승한 연예인의 사인을 받아 달라고 부탁하는 상황 Case 7-1

승객 A가 같은 비행기에 유명 연예인이 탑승한 것을 알게 되었다. 보는 눈이 많고 이동이 자유롭지 않아 직접 연예인에게 가지 못하고, 자신이 그 연예인의 열렬한 팬이라며 사인 한 장을 받아 달라고 부탁한다면 어떻게 응대해야 할까?

승객과의 가상 대화를 직접 구성해 연습해 보자.

Tip

- 간혹 비행과 무관한 무례한 부탁을 하는 승객이 있다. 그럼에도 승무원은 기본적으로 승객의 모든 요구사항을 적극적으로 들어 주려는 마음가짐을 지녀야 한다.
- 이 경우와 같이 즉시 확답할 수 없는 요청에는 한번 부탁해 보겠다고 말하고, 연예인이나 매니저에게 양해를 구해 승객의 요구를 전달한 후, 그 결과를 다시 승객에게 알려 주는 방법으로 응대한다.
- 단, 확실하지 않은 사항에 대해 "제가 받아들이겠습니다." 등의 말로 승객에게 확신을 주는 것은 바람직하지 않다.

승객의 시끄러운 대화에 대해 불평하는 상황 ❶ Case 7-2

승객 B가 잠을 자려 하는데, 뒷좌석 승객들의 말소리가 커서 도무지 잠에 들 수가 없다. 승무원에게 이와 같은 상황에 대해 불평한다면 어떻게 응대하는 것이 좋을까?

승객과의 가상 대화를 직접 구성해 연습해 보자.

승객의 시끄러운 대화에 대해 불평하는 상황 ❷ Case 7-2

승객 C의 유아가 계속 울면서 보채고 있다. 앞좌석에 앉은 승객이 이에 대해 불평한다면 승객 C에게 어떻게 응대하는 것이 좋을까?

승객과의 가상 대화를 직접 구성해 연습해 보자.

Tip

- 무엇보다 먼저 승객의 불평사항에 대해 공감하는 것이 중요하다.
- 승무원의 적극적인 조치로도 해결할 수 없는 불만사항이 있다. 이때 승무원의 재량으로 기지를 발휘하여 대안을 제시하거나, 승객의 불만을 줄일 다른 조치를 취하는 것이 좋다.

승무원의 외모에 사적인 관심을 보이며 접근하는 상황 ❶ Case 7-3

승객 D가 승무원 A의 외모가 마음에 들어 “파리에 도착하면 식사라도 한번 대접하고 싶습니다”, “파리에서는 어느 호텔에 묵나요?”라며 승무원 A에게 계속해서 사적인 관심을 보이는 경우 어떻게 응대하는 것이 좋을까?

승객과의 가상 대화를 직접 구성해 연습해 보자.

승무원의 외모에 사적인 관심을 보이며 접근하는 상황 ❷ Case 7-3

승무원 B에게 호감을 느낀 승객 E가 아들을 소개해 주고 싶다며 승무원 B의 연락처를 요구한다면 어떻게 응대하는 것이 좋을까?

승객과의 가상 대화를 직접 구성해 연습해 보자.

Tip

- 승무원에게 사적인 관심을 보이는 승객에게도 불쾌감을 주지 않고 정중하고 친절하게 응대하도록 한다.
- 다만, 승무원의 개인정보나 항공사 직원 숙소를 알려 주는 것은 적절하지 않음을 참고하고, 명함을 받는 등 적정선에서 응대하는 기지를 발휘한다.

기내 온도가 적당하지 않다고 불평하는 상황 ❶ Case 7-4

승객 F가 기내 에어컨 바람이 너무 강해 추워서 잠을 잘 수 없다고 불평을 했다. 이 경우 어떻게 응대하는 것이 좋을까?

승객과의 가상 대화를 직접 구성해 연습해 보자.

기내 온도가 적당하지 않다고 불평하는 상황 ❷ Case 7-4

같은 상황에서 뒷좌석에 앉은 승객 G가 오히려 기내가 너무 덥다며 에어컨을 더 강하게 틀어 줄 것을 요구했다. 이렇게 승객마다 요구사항이 달라 상충하는 경우 어떻게 응대하는 것이 좋을까?

승객과의 가상 대화를 직접 구성해 연습해 보자.

Tip

- 승객의 요구가 있다면 기내 온도가 적당한지 다시 확인하는 것이 좋으며, 적정 온도임에도 불평하는 승객에게도 공감을 표한다.
- 다른 승객에게도 의견을 물어 다수가 동의하면 기내 온도를 조절한다. 반면에 특정 승객의 문제라면 먼저 손님의 입장과 건강상태를 염려하면서 음료(따듯하거나 시원한)나 담요 제공, 좌석 에어컨 강도 조절 등의 개별 조치를 하여 관심을 보인다.

호출이나 서비스 지연에 대해 불만을 제기하는 상황 ❶ Case 7-5

승객 H가 갈증이 나서 호출 버튼을 눌렀지만 3분이 지나도 아무런 응답이 없었다. 재차 호출 버튼을 누르고 또다시 호출 버튼을 누른 후에야 승무원이 와서 태연하게 "무엇을 도와드릴까요?"라고 물었다. 화가 난 승객 H가 도대체 호출 버튼을 몇 번이나 눌러야 하느냐고 항의한다면 어떻게 응대해야 할까?

승객과의 가상 대화를 직접 구성해 연습해 보자.

호출이나 서비스 지연에 대해 불만을 제기하는 상황 ❷ Case 7-5

승객 I가 승무원에게 신문을 가져다 달라고 했다. 그런데 승무원이 바쁜 나머지 이 요청을 깜빡했고 이에 대해 승객 I가 지나가던 승무원에게 항의한다면 어떻게 응대해야 할까?

승객과의 가상 대화를 직접 구성해 연습해 보자.

Tip

- 승객의 요구와 서비스 업무가 많을 경우 서비스 지연이나 실수가 생기기 마련이다. 하지만 사과에 앞서 승무원의 상황과 서비스 지연 이유를 설명하는 것은 불만을 제기하는 승객에게 변명이 될 뿐임을 유념한다.
- 먼저 승객에게 불편을 끼친 점에 대해 진심으로 사과하고, 다른 일이 있더라도 해당 승객의 요구사항을 먼저 해결하는 것이 좋다.

특정 서비스가 완료(소진)된 상태에서 요구하는 상황 ❶ Case 7-6

승객 J가 ㅇㅇ일보를 가져다 달라고 하여 확인해 보니 이미 ㅇㅇ일보가 모두 서비스된 후였다. 이 경우 어떻게 응대하는 것이 좋을까?

승객과의 가상 대화를 직접 구성해 연습해 보자.

특정 서비스가 완료(소진)된 상태에서 요구하는 상황 ❷ Case 7-6

승객 K가 오렌지주스를 마시고 싶다고 하여 확인해 보니 오렌지주스가 이미 떨어진 상태였다. 이 경우 어떻게 응대하는 것이 좋을까?

승객과의 가상 대화를 직접 구성해 연습해 보자.

Tip

- 승객의 요구에 바로 응할 수 없는 점에 대해 우선 사과하고, 다른 신문이나 잡지 또는 음료 등을 권한다.
- 만약 특정 신문을 계속해서 요구한다면 그 신문을 보고 있는 승객에게 양해를 구해서 신문을 다 본 후에 즉시 신문은 회수하여 해당 승객에게 서비스한다.

기내 화장실 이용에 대한 요청 ❶ Case 7-7

승객 L이 화장실을 이용하려고 했으나, 문이 잠겨 있고 노크를 해도 반응이 없다. 이 경우 승무원에게 도움을 요청한다면 어떻게 조치하는 것이 좋을까?

승객과의 가상 대화를 직접 구성해 연습해 보자.

기내 화장실 이용에 대한 요청 ❷ Case 7-7

식사 후 많은 승객이 화장실을 이용하는 바람에 점검이 필요한 상태이다. 하지만 화장실 이용 승객이 끊이지 않는다면 어떻게 조치하는 것이 좋을까?

승객과의 가상 대화를 직접 구성해 연습해 보자.

Tip

- 화장실 문이 잠긴 경우 먼저 안에 승객이 있는지 확인하고, 그렇다면 다른 승객이 기다리고 있음을 알린다.
- 안전사고 등이 의심된다면 문을 연다는 사실을 알리고, 개방하여 내부를 확인한다. 혹시 승객이 쓰러져 있다면 다른 승무원에게 사무장 보고를 맡기고, 승객의 상태를 살펴 조치한다.
- 화장실 점검이 필요하다면 기다리는 승객에게 양해를 구하고, 빠른 조치를 하도록 한다.

기내에서 흡연을 원하는 상황 ❶ Case 7-8

비행시간이 길고 지루해지자 승객 M이 담배를 피우고 싶어한다. "담배를 좀 피우고 싶은데, 흡연 장소가 따로 있나요?"라고 묻는다면 어떻게 응대해야 할까?

승객과의 가상 대화를 직접 구성해 연습해 보자.

기내에서 흡연을 원하는 상황 ❷

Case 7-8

만약 승무원이 기내 순회(Walk Around) 중 화장실에서 담배를 피우고 있는 승객 N을 보았다면 어떻게 응대하고 조치해야 할까?

승객과의 가상 대화를 직접 구성해 연습해 보자.

Tip

- 흡연을 원하는 승객에게는 항공기와 다른 승객의 안전을 위해 흡연이 엄격히 금지됨을 설명하고, 양해를 구한다. 흡연 대신 간식거리를 추천하는 것도 한 방법이다.
- 화장실에서 흡연하는 승객을 보았다면 그 즉시 흡연이 금지되어 있음을 알리고, 담뱃불을 끄도록 요청한다. 필요한 경우 다른 승무원에게 도움을 청한다.
- 만약 흡연자를 찾지 못한 경우에는 기내 방송을 통해 기내 금연이 엄격히 금지됨을 고지하는 등 경각심을 환기할 필요가 있다.

기내에서 아이가 시끄럽게 떠드는 상황 ❶ Case 7-9

승객 O가 잠을 자려 하는데, 조금 떨어진 자리에 앉은 아이가 노래를 부르며 시끄럽게 해서 잠들지 못하고 있다. 이에 대한 조치를 요구한다면 어떻게 해야 할까?

승객과의 가상 대화를 직접 구성해 연습해 보자.

기내에서 아이가 시끄럽게 떠드는 상황 ❷ Case 7-9

기내 순회(Walk Around) 중 초등학생 두 명이 큰 소리로 떠들면서 복도를 뛰어다니는 것을 보았다. 어떻게 조치해야 할까?

승객과의 가상 대화를 직접 구성해 연습해 보자.

Tip

- 아이가 자리에서 시끄럽게 할 때에는 다른 승객에게 방해가 될 수 있음을 보호자에게 설명하고 양해를 구한다. 이때 적절한 쿠션 언어를 활용하자.
- 복도에서 뛰어다니는 초등학생을 발견했다면 먼저 아이에게 주의를 주고, 가급적 보호자에게 한 번 더 양해를 구하는 것이 좋다. 이때 다른 승객의 불편을 언급하기보다 아이의 안전을 염려하는 모습을 보인다.

외국 도착지의 식당이나 관광지 소개를 요구하는 상황 Case 7-10

ㅇㅇ으로의 여행이 처음인 승객 P가 "ㅇㅇ에도 한식당이 있나요? 난 한식이 아니면 밥을 잘 못 먹는데"라며 한식당을 소개해 줄 것을 요구한다면 어떻게 응대해야 할까?

승객과의 가상 대화를 직접 구성해 연습해 보자.

Tip

- 승무원이 알고 있는 한식당을 바로 알려 준다.
- 한식당을 잘 모를 경우에는 동료나 선임 승무원에게 정보를 구해 알려 주는 것이 좋다.

4. 기타 상황별 Role-playing 연습

상황 1

장래 꿈이 비행기 조종사인 7살 아들이 조종실을 보고 싶다고 보채자 승객 A가 "우리 아들이 조종실을 꼭 한번 보고 싶다는데, 어떻게 안 될까요?"라고 부탁한다면 어떻게 응대해야 할까?

승객과의 가상 대화를 직접 구성해 연습해 보자.

상황 2

화장실에서 담배를 피우고 있는 승객 B를 보고 담뱃불을 꺼 줄 것을 요청했으나, 승객 B가 아랑곳하지 않고 계속 담배를 피운다. 이때 어떻게 조치하는 것이 좋을까? 이 경우 그렇게 조치할 수 있는 근거는 무엇인가? (항공보안법 제23조 등)

승객과의 가상 대화를 직접 구성해 연습해 보자.

상황 3

이코노미 좌석 승객 C가 화장실을 이용하려 했으나, 다른 승객이 이용 중이다. "이코노미 화장실이 다 찼는데, 비즈니스 화장실 좀 사용할게요"라고 한다면 어떻게 응대하는 것이 좋을까?

승객과의 가상 대화를 직접 구성해 연습해 보자.

상황 4

승객 D는 케이지에 강아지를 넣어 기내에 함께 탑승했다. 비행 중 강아지가 불편해하는 것 같아서 잠시 강아지를 꺼내 안고 있어도 괜찮은지 묻는다면 어떻게 응대하는 것이 좋을까?

승객과의 가상 대화를 직접 구성해 연습해 보자.

08

도착 준비 및 승객 하기

1. 업무 개요

기장의 도착 안내 방송(Approaching Sign)이 나오면 승무원은 회수해야 하는 기내 용품을 수거하고, 이 · 착륙 안전조치를 한다.

헤드폰, 잡지류 등은 승객의 양해를 구하여 회수하되, 승객이 잡지를 보고 있는 경우에는 무리하게 회수하지 않도록 한다. 유아용 요람(Baby Bassinet)은 보호자에게 안전을 위해 회수함을 안내하고, 요람 안에 승객의 물품이 있는지 확인한 후 회수한다.

만약 승객에게 보관을 의뢰받은 물품이 있다면 이 시점에 반환하고, 노약자 등에게는 입국 서류 작성 여부 등을 재차 확인한다.

좌석 등받이와 테이블, 창문 덮개, 무선기기 사용 중지, 안전벨트 착용 여부 등 이륙 안전조치와 동일하게 착륙에 대비해 미리 안전조치를 실시한다. 승객에게는 안전을 위해 필요한 조치임을 친절하게 설명하고, 빠짐없이 점검해야 한다.

비행기가 목적지에 도착하면 방송 담당 승무원은 도착 안내 방송을 실시하면서 항공기가 완전히 멈출 때까지 승객의 착석을 유도한다.

승객 하기가 완료되면 기내에 잔류 승객이 있는지 확인하고, 좌석 주변, Coatroom, Overhead Bin 등에 유실물이 있는지 점검한다. 그리고 기타 보안 점검 및 인계서 작성 등 비행 마무리 업무를 수행한다.

PLUS+

승객 하기 순서 및 주의사항

■ 승객 하기 순서 (대한항공 예시)

① 응급환자 → ② VIP · CIP(Commercially Important Person) → ③ 일등석 승객 → ④ 비즈니스석 승객 → ⑤ 보호자 비동반 소아(UM), 노약자(Family Care) → ⑥ 일반석 승객 → ⑦ 휠체어 승객 → ⑧ Stretcher 승객

©EQRoy/Shutterstock.com

■ 승객 하기 시 주의사항

- 승객 하기 시 객실 승무원은 해당 클래스별, 구역별로 각자의 담당구역에서 승객에게 감사 인사를 하면서 승객 하기가 순조롭게 진행되도록 협조한다.
- 승객 하기는 정해진 순서로 진행하되 상황에 따라 유연하게 대처한다.
- 착륙 전 노약자, WCHR 승객, UM 등 도움이 필요한 승객을 확인(필요한 경우 담당 승무원 배정)하고, 사전에 승객에게 하기 시점과 방법에 대해 안내한다.

2. 고객 응대 Message 연습

실제 기내 서비스 상황이라고 생각하고 연습해 보자.

- (Taxiing 중 1) 손님, 죄송합니다. 안전을 위해 비행기가 완전히 정지할 때까지 좌석에 앉아서 기다려 주시겠습니까? 감사합니다.
- (Taxiing 중 2) 손님, 비행기가 이동 중일 때 서 계시면 위험합니다. 사고 예방을 위해 비행기가 완전히 멈출 때까지 잠시만 기다려 주시면 감사하겠습니다.
- (Farewell 인사 1) 안녕히 가십시오. 감사합니다.
- (Farewell 인사 2) 편안한 여행 되셨습니까? 다음에도 저희 ㅇㅇ항공에서 다시 뵙겠습니다. 안녕히 가십시오.
- (Farewell 인사 3) 오시면서 불편한 점은 없으셨습니까? 즐거운 여행 되세요. 감사합니다.
- (Farewell 인사 4) 잊으신 물건은 없는지 다시 한번 확인해 주십시오. 다음에 또 뵙겠습니다.
- (Farewell 인사 5) 비가 내리고 있습니다. 계단을 이용하실 때 미끄러울 수 있으니 조심하십시오. 좋은 하루 보내세요.

3. 상황별 Role-playing

착륙 중 갑자기 귀가 아프다고 호소하는 상황

Case 8-1

착륙 준비를 위해 기내 순회(Walk Around)를 하는데 한 어린이가 귀가 아프다며 비명을 지르며 울고, 어머니는 어쩔 줄 몰라하고 있다. 어떻게 응대하는 것이 좋을까?

승객과의 가상 대화를 직접 구성해 연습해 보자.

Tip

- 기압 차이로 이 · 착륙 시에는 귀가 막힌 것 같은 느낌이 들기도 한다. 기내에서는 압력 차이로 이런 현상이 자주 발생한다고 설명하고, 입을 크게 벌려서 하품을 하거나 아이에게는 껌이나 사탕을 먹이는 것도 좋다.
- 발살바(Valsalva) 호흡법을 권한다.
  ① 두 손가락으로 코를 잡아 콧구멍을 막는다.
  ② 입을 다물고 숨을 내뱉는다.
  ③ '착' 하는 소리와 함께 귀가 뚫리면 성공이다.

연결편 항공기 탑승 시간이 촉박한 상황 Case 8-2

비행기가 늦게 도착하여 연결편 항공기 탑승 시간이 빠듯할 것 같다고 걱정하는 승객 A에게 어떻게 응대하는 것이 좋을까?

승객과의 가상 대화를 직접 구성해 연습해 보자.

Tip

- 환승 시간이 촉박한 경우 승객의 자리를 출구 가까운 자리로 옮겨 드리며, 최대한 빨리 하기할 수 있도록 돕는다. 또한 지상 직원에게 연락하여 해당 승객이 바로 연결편 항공기로 이동할 수 있도록 조치한다.
- 하지만 이에 대한 정확한 정보가 없다면 승객에게 지킬 수 없는 약속은 하지 않는다.

착륙한 비행기가 여전히 이동 중일 때 짐을 꺼내는 상황 Case 8-3

승객 B가 비행기 연착으로 미팅 일정이 촉박했다. 비행기가 활주로에 도착하여 여전히 움직이고 있는데, 승객 B가 빨리 내리려고 먼저 일어나서 짐을 꺼내고 있다면 어떻게 응대하는 것이 좋을까?

승객과의 가상 대화를 직접 구성해 연습해 보자.

Tip

- 착륙한 후라도 비행기가 움직이다가 급정거하는 경우가 있는데, 이때 큰 사고가 날 수 있다. 그리고 승객 한 사람이 일어나 짐을 챙기기 시작하면 다른 승객들도 덩달아 일어나 혼란을 유발할 수 있는 위험한 상황임을 인식한다.
- 승객 자신의 안전을 위해서라도 비행기가 완전히 멈출 때까지 자리에서 일어나지 않도록 안내하는 것이 좋다.

4. 기타 상황별 Role-playing 연습

상황 1

착륙 전 화장실 점검을 하는데 승객 A가 화장실에서 나오지도 않고 계속 노크를 해도 반응이 없다면 어떻게 해야 할까?

승객과의 가상 대화를 직접 구성해 연습해 보자.

상황 2

착륙 준비를 하던 중 연세가 지긋한 노부부가 짐을 가지고 비상구 좌석으로 이동하여 앉아 계신다면 어떻게 응대해야 할까?

승객과의 가상 대화를 직접 구성해 연습해 보자.

상황 3

착륙을 위해 등받이를 제자리로 해 달라고 하자, 승객 B가 화를 내며 등받이가 고장 났다고 불평한다면 어떻게 응대해야 할까?

승객과의 가상 대화를 직접 구성해 연습해 보자.

상황 4

승객 C가 Overhead Bin에 넣어 두었던 가방에서 지갑이 없어졌다고 한다. 거액의 현금이 있었다면서 빨리 찾아내라고 소리를 지른다면 어떻게 응대해야 할까?

승객과의 가상 대화를 직접 구성해 연습해 보자.

03

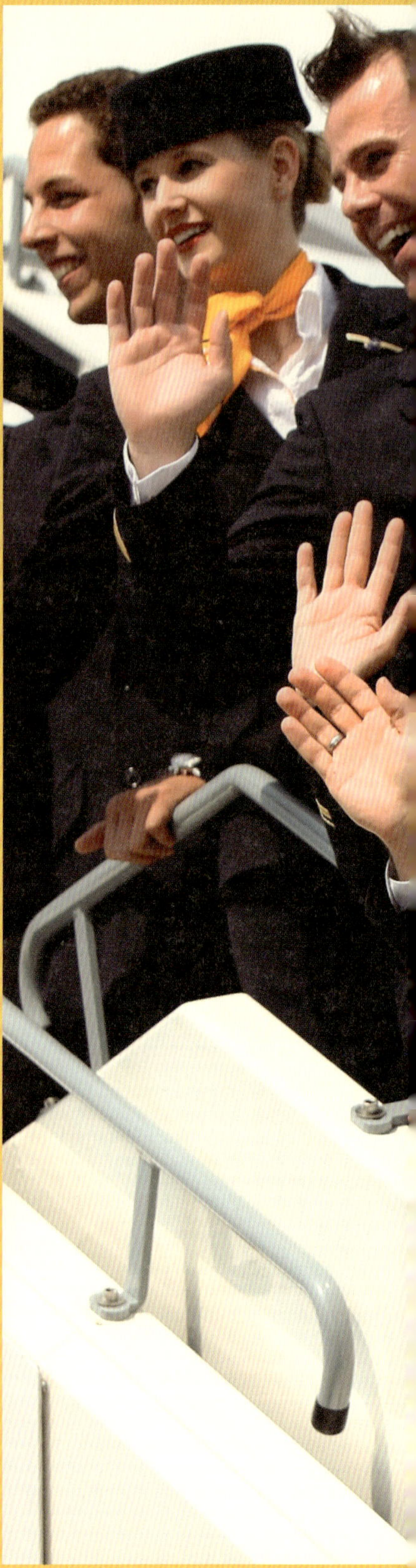

승무원 채용 면접과 Role-playing

©Adam Berry/Stringer/Getty Images

01

면접과 롤 플레잉

1. 채용 과정에서 면접의 중요성

기업의 채용 절차는 시험, 서류 전형, 면접, 인 · 적성 검사, 체력 검정, 신체 검사 등 다양한 형식으로 구성된다. 이와 같은 여러 절차 중 기업의 인사 담당자들은 면접이 채용의 가장 결정적 요소라고 생각하는데[1], 채용 절차에서 면접이 차지하는 비율은 70% 이상이라는 것이 일반적인 견해이다.

시험이나 서류 심사만으로는 지원자가 회사가 원하는 인재인지 정확하게 확인하기 어렵다. 따라서 시험이나 서류 심사를 통해 기준점을 통과한 지원자는 실제로 만나 보고, 대화를 나눠 봄으로써 지원자의 직무 적합성을 최종적으로 평가한다. 다시 말해 기업은 서류 전형 등에서 볼 수 없었던 지원자의 성격, 전문지식과 태도, 의사소통 능력 등을 확인하기 위해 면접을 적극 활용하고 있다.

하지만 면접에서 개별 지원자에게 할당되는 시간은 5~10분밖에 되지 않는다. 이 짧은 시간 내에 실수 없이 자신이야말로 기업이 원하는 인재라는 것을 어필해야 한다고 생각한다면 면접 준비에 어떤 자세로 임해야 할지 알 수 있다.

1 중앙일보 기사(2018.11.1. 일자), '인사담당자 채용시 면접 비중 71%... 중요 평가 항목은?' / 구인구직매칭플랫폼 '사람인'에서 실시한 기업 인사담당자 600여 명에 대한 조사 자료 참고

2. 승무원 면접과 롤 플레잉

항공사에서 객실 승무원을 채용할 때는 일반 기업의 채용 시보다 면접의 비중이 더 높다. 항공사들은 서류 전형을 통과한 지원자를 대상으로 2~3차에 걸친 면접, 건강 진단 및 체력 테스트 등 단계를 거쳐 선발하는데, 일반 기업에 비해 서류 전형의 비중이 상대적으로 낮고, 면접이 절대적인 영향을 미치는 것으로 알려져 있다.

기업이 원하는 인재는 당연히 선발할 직위의 직무를 가장 잘 수행할 만한 사람이다. 따라서 채용 절차에서 면접관은 지원자에 대해 ① 해당 직무에 대한 이해도가 얼마나 되는지 ② 직무 관련 문제를 해결한 경험이 있는지 ③ 스스로의 문제 판단 기준이나 해결 원칙을 가지고 있는지 등을 최우선으로 평가한다.

예를 들어 항공사의 객실 승무원 선발을 가정한다면 면접관은 지원자가 아래와 같은 평가 기준에 부합하는지 평가하므로, 지원자는 이 기준을 충족할 수 있도록 체계적으로 준비할 필요가 있다.

©Getty Images Bank

면접관의 평가 기준

1. **전문지식**

   예 '해당 항공사와 객실 서비스에 대해 얼마나 잘 알고 있는가?'

2. **관련 경험과 경력**

   예 '서비스업이나 항공업무 등에 대한 좋은 경험이 있는가?'

3. **고객 응대 태도**

   예 '고객을 응대할 때 어떤 소신을 가지고 하는가?'

4. **문제 해결 능력**

   예 '문제 발생 시 어떤 해결 원칙을 가지고 임하는가?'

승무원으로서 직무 수행 능력과 자질, 고객 지향성 등을 평가하기 위한 면접은 다양한 서비스 상황에서 고객 응대 능력을 확인하는 인터뷰로 구성된다. 이에 대응하기 위해서는 기내 서비스 전반에 대해 완벽하게 이해하고, 다양한 서비스 상황에서 응대하는 방법에 대한 고민과 꾸준한 연습, 즉 기내 서비스 롤 플레잉 연습이 이루어져야 한다.

롤 플레잉 면접은 단순히 주어진 질문에 답하는 기존 인터뷰 방식의 일방적(One-side) 답변을 요구하는 것이 아니라 특정 상황에 대한 문제 해결 및 위기 대처 능력을 확인하는 인터뷰이다. 이와 같은 롤 플레잉 면접을 대비하기 위해서는 실제로 파트너(친구 등)와 함께 '승무원 ↔ 승객'의 가상 대화 시나리오(Simulation)를 준비하고 지속적으로 훈련하는 노력이 필요하다.

©Stewart Cohen/Stockbyte/Getty Images

02

항공사별 객실 승무원 채용 절차

객실 승무원을 꿈꾸고 있다면 개별 항공사의 승무원 지원 자격, 채용 절차, 면접 평가 요소를 면밀하게 파악하고 준비해야 한다. 롤 플레잉에 대한 준비도 막연히 열심히만 할 것이 아니라, 채용 절차에 대한 완벽한 이해를 바탕으로 해야 한다.

1. 객실 승무원 지원 자격

지원 자격은 항공사별로 큰 차이가 없으며, 일반적으로 다음의 요건을 요구한다.

- 해외여행 자격
- 시력
- 대학 성적
- 어학 점수
- 병역(남자의 경우)

예를 들어 대한항공의 객실 승무원 지원 자격을 보면 아래와 같다.

대한항공 객실 승무원 지원 자격

- 해외여행 결격사유가 없고, 병역필 또는 면제자
- 교정시력 1.0 이상인 자
- 대학교 졸업자 또는 졸업 예정자 (4년제, 전문대 제한 없음)
- TOEIC 550점 또는 TOEIC Speaking Level 6 또는 OPIc LVL IM 이상 취득한 자

대한항공 채용 홈페이지 참고

카타르항공 객실 승무원 지원 자격

- **최소 나이**: 21세 이상
- **최소 암 리치**: 212cm (까치발 가능)
- **최소 학력 기준**: 고등학교 졸업
- **언어**: 유창한 영어 읽기, 말하기 능력 (영어 외 다른 언어는 가산점 부여)
- **신체조건**: 건강, 용모단정 (객관적 기준은 없음)
- **거주**: 카타르 도하 거주 가능자
- **기타**: 대인관계 능력과 다국적 팀에서 일할 수 있는 능력, 서비스에 대한 열정

카타르항공 채용 홈페이지 참고

명목상의 지원 자격 기준은 대부분 충족할 것으로 예상한다. 하지만 대학 성적이나 어학 점수는 서류 전형 단계에서부터 영향을 미치는 요소임을 감안하고 준비해야 한다. 특히 외국인을 상대할 수밖에 없는 항공사의 특성상 어학 능력을 매우 중요시하며, 최소한 TOEIC 기준 700점 이상을 취득할 것을 권장한다.

외국인과 영어 회화가 가능하다면 유리하며, 중국인 관광객을 많이 상대하는 저비용 항공사의 경우 중국어 회화 능력자를 선호하므로 채용 과정에서 이를 적극 어필할 필요가 있다. 승무원은 현장에서 고객을 상대하는 대표적인 서비스직이므로 고객 응대 경험을 쌓는 등 경력사항에 대한 준비도 필요하다.

2. 항공사별 채용 절차

항공사의 객실 승무원 채용 시 서류 전형을 통과한 지원자 중에서 2~3차에 걸친 면접, 건강 진단 및 체력 테스트 등의 단계를 거쳐 선발한다. 국내 주요 항공사별 세부 절차는 다음 표와 같다.

▶ 국내 주요 항공사 채용 절차

항공사	채용 절차
대한항공	서류 전형 ▶ 1차 면접 ▶ 영어 구술 테스트 / 2차 면접 ▶ 체력/수영 테스트 ▶ 3차 면접 ▶ 건강 진단 ▶ 최종 합격
아시아나항공	서류 전형 ▶ 1차 면접 ▶ 영어 구술 테스트 / 2차 면접 ▶ 건강·체력 인성검사 ▶ 최종 합격
에어부산	서류 전형 ▶ 1차 면접 ▶ 체력측정 인성/적성 ▶ 2차 면접 ▶ 건강 검진 ▶ 최종 합격
제주항공	서류 전형 ▶ 1차 면접 ▶ 2차 면접 / 체력 검정 ▶ 신체 검사 ▶ 최종 합격
진에어	서류 전형 ▶ 1차 면접 ▶ 영어 구술 테스트 / 2차 면접 ▶ 건강진단 체력검사 ▶ 최종 합격
티웨이항공	서류 전형 ▶ 1차 면접 (이미지) ▶ 2차 면접 (임원) ▶ 수영 테스트 ▶ 3차 면접 (최종) ▶ 신체 검사 ▶ 최종 합격

※ 채용 절차는 항공사 사정에 따라 변경이 가능하다.

서류 전형과 건강 및 체력 테스트에서 지원자의 기본 자격 수준을 점검한다면, 면접을 통해서는 지원자의 직무 수행 능력과 적격성을 평가한다. 따라서 지원자들은 면접에 더 큰 비중을 두고 준비할 필요가 있다.

면접 단계를 자세히 보면 1차 면접은 대부분 실무진 면접으로 지원자의 직무 수행 능력과 이미지 요소를 주로 평가한다. 그리고 2~3차 면접은 임원이나 최고경영자가 면접관으로 참석하여 지원자의 인성, 열정, 가치관 등을 평가하는 방식으로 진행된다.

항공사에 따라 별도의 영어 구술 테스트를 실시하기도 하고, 절차상 어학 점수로 갈음하는 곳도 있다. 하지만 객실 승무원은 외국인 승객을 응대하는 일이 필수인 만큼 일정 수준의 어학 능력은 기본적으로 요구된다. 대형 항공사에서는 영어를 중시하고 저가 항공사에서는 중국어 능력자를 좀 더 우대하는 경향이 있음을 참고하여, 채용 절차에서 자신의 어학 능력을 적극 발휘해야 한다.

체력 검사와 수영 테스트는 항공사가 요구하는 최소한의 요건을 충족하는지 여부를 판단하는 절차이다. 항공사에서 요구하는 기준을 사전에 파악하고, 이에 부합하도록 평소에 꾸준히 체력을 단련해야 한다.

대한항공 객실 승무원 체력 검사 항목 및 수영 테스트

- **자전거 타기**: 50rpm을 유지한 상태에서 심박수 140이 될 때까지 시간 측정
- **민첩성 테스트**: '삐' 소리가 나면 두 발을 얼마나 빨리 움직이는지 측정
- **유연성 테스트**: 다리를 펴고 앉은 상태에서 양손을 뻗어 발 밖으로 나온 손의 길이 측정
- **평형감각 테스트(눈 감고 외발서기)**: 눈을 감고 한쪽 무릎을 뒤로 90도 구부려 올린 상태에서 손을 허리에 두고 버티는 시간 측정
- **높이뛰기**: 공중에 떠 있는 체공시간 측정
- **악력**: 악력기로 오른손과 왼손의 악력 측정
- **윗몸 일으키기**: 30초 동안 횟수 측정(측정 센서가 있으므로 정확한 동작이 요구됨)
- **수영 테스트**: 배영을 제외한 수영법으로 25m를 35초 이내에 완영해야 함

국내 주요 항공사의 면접 진행 절차와 방식에 대해서는 개별적으로 설명할 것이다. 항공사의 면접 절차는 항공사 여건, 지원자 규모, 대내외적 상황에 따라 일부 조정, 변경이 가능하다. 그러나 개별 항공사의 면접 진행 절차와 특징을 자세히 설명한 것은 각 항공사에서 중점을 두는 사항, 전체적인 면접 분위기를 염두에 두고 준비하는 것이 중요하기 때문이다. 이하의 내용에 대해서는 참고하되, 지원 시점에 항공사 채용 절차가 어떻게 변화했는지를 반드시 체크하고 준비하기 바란다.

COVID-19로 인해 한동안 항공사 채용시장이 얼어붙었다. 객실 승무원을 꿈꾸고 있던 항공서비스학과 학생들과 졸업생들에게는 매우 힘든 시기였을 것이다. 그러나 2023년 항공 수요가 다시 회복되면서 대한항공을 시작으로 객실 승무원 채용이 재기되었음을 다행으로 생각한다.

2023년부터의 객실 승무원 채용이 과거와 달라진 점은 1차 면접이 비대면 방식으로 변경된 점, 체력검정이 정부에서 공식 인증해 주는 국민체력100 측정 방식으로 변경된 점이다. 이와 같이 변경된 방식이 공식적으로 계속 면접 방식에 반영될지는 좀 더 지켜봐야 하겠지만, 채용제도 변화에도 관심을 가져야 할 것이다.

최근 항공사의 1차 면접 방식이 대면 면접에서 비대면 면접으로 바뀌었는데, 비대면 면접은 지원자가 직접 촬영한 동영상을 제출받아 심사하는 방법으로 진행되었다. 비대면 면접 방식에서는 자신의 항공사 지원 영상을 직접 기획하고 편집하는 추가적인 노력이 필요할 것이다. 현실적으로 대면 면접이 쉽지 않은 외항사의 경우는 대부분 1차 면접에서 비대면 방식이 많이 활용되고 있음을 참고해야 한다.

2023년 항공사 체력검정은 정부에서 운영하는 체력인증센터에서 성별, 연령에 따른 국민체력100 등급을 인정받아 항공사에 이를 제출하는 방법으로 진행되었다. 개별 항공사에서 지원자의 체력 측정을 진행하는 데 어려움이 있는 상황에서 정부에서 공식적으로 체력을 인증해 주는 제도가 생겼기 때문에 아마 여타 항공사에도 이를 통합한 방식이 확산될 것으로 예상된다.

국민체력100의 측정 항목과 방식, 인증 기준은 아래 홈페이지에서 자세히 확인할 수 있다.

3. 항공사별 면접 진행 방식

국내 최대 규모이자 유일하게 퍼스트 클래스를 운영하는 대한항공(Korean Air)과 제2위의 규모 아시아나항공(Asiana Airlines), 저비용 항공사(LCC)인 금호아시아나그룹 소속 에어부산(Air Busan), 애경그룹과 제주의 합작 회사 제주항공(Jeju Air), 한진그룹 계열의 진에어(Jin Air), 가장 늦게 출범한 티웨이항공(T'way Air)의 면접 방식에 대해 알아본다.

대한항공

서류 전형 ▶ 1차 면접 ▶ 영어 구술 테스트 / 2차 면접 ▶ 체력/수영 테스트 ▶ 3차 면접 ▶ 건강 진단 ▶ 최종 합격

대한항공은 서류 전형 합격률이 매우 높은 것으로 알려져 있다. 그만큼 면접에 큰 비중을 두어 3차에 걸쳐 면접이 진행된다.

©Lukas Wunderlich/Shutterstock.com

1차 면접

지원자 7~8명이 1개 조로 면접실에 입실하여 진행되며, 현직 객실 사무장과 인사팀 직원 등 2명이 평가한다. 선 자세(Standing)로 진행되며, 자세, 말씨, 음성, 의사 표현 등 서비스 직무에 적합한 기본 자질을 갖추었는지를 주로 평가한다. 보통 공통 질문 1개와 개별 질문 1개(지원자의 이력서상 특이점이나 전공에 관한 질문) 등 지원자별로 2개 정도의 질문을 하는 것으로 알려져 있다.

복장이나 헤어에 대한 특별한 제한이 없으므로 자신에게 가장 잘 어울리는 자연스럽고 단정한 복장을 하도록 한다.

2차 면접

2차 면접 당일에 신장 측정과 영어 구술 테스트가 함께 진행된다. 출석 체크 후 지원자의 신장을 먼저 측정하고, 대한항공 유니폼으로 환복한 후 한 명씩 영어 구술 테스트를 실시한다. 따라서 미리 올백이나 단발머리를 하고, 승무원 복장에 어울리는 메이크업을 한 후 면접에 임해야 한다.

영어 구술 테스트는 원어민 면접관과 일대일로 진행되며, 영어 기내 방송문 낭독과

자기 소개, 지원 동기, 학교 생활 등 기본적인 영어 회화를 테스트하는 내용으로 이루어진다. 시간은 1인당 3분 정도로 짧게 주어지며, 간단한 회화 위주로 평가하므로 큰 부담을 갖지 않고 자신 있게 응하는 것이 좋다.

2차 면접은 지원자 5~6명이 1개 조로 진행하며, 인사 · 객실 · 서비스 부서 임원 등 3명이 면접관으로 참여한다. 1차 면접과 마찬가지로 선 자세로 진행되며, 직무 수행 능력, 의사 표현 능력, 상황 대처 능력 등에 대해 심도 있게 질문한다. 면접 시간은 조별로 15~20분 정도가 주어진다.

■ 3차 면접

대한항공 유니폼으로 환복한 후 진행되며, 임원급 이상 최고경영진의 참석(면접관 3명)하에 이루어지는 CEO 면접이다. 지원자는 5~6명이 1개 조로 면접실에 입실하며, 1 · 2차 면접 때와 달리 앉아서 면접을 진행한다.

최고경영진이 면접관으로 참석하는 만큼 대한항공의 인재상과 부합하는지, 직업에 대한 열정과 포부가 있는지, 인성이 좋은지 등에 대해 평가하며, 답변 시 침착하고 당당하게 임하는 것이 좋다. 참고로 면접관과의 거리가 매우 가까워 피부 상태, 얼굴의 작은 표성 변화까지 보이므로 이 점을 유의하여 이에 대한 준비도 해야 한다.

아시아나항공

서류 전형 ▶ 1차 면접 ▶ 영어 구술 테스트 2차 면접 ▶ 건강·체력 인성검사 ▶ 최종 합격

아시아나항공은 1차 실무자 면접과 2차 임원 면접 등 면접이 2회에 걸쳐 진행된다.

■ 1차 면접

8인 1조로 진행된다. 면접장에 들어가기 전에 신장, 체중, 암리치를 먼저 측정한 후 면접에 임한다는 것을 참고해야 한다. 암리치는 팔을 쭉 뻗어서 212cm 높이에 손이 닿는지를 측정하는 것인데, 까치발을 해도 무방하다. 공식적으로는 암리치가 합격에 영향을 주지는 않는다고 한다.

©Markus Mainka/Shutterstock.com

면접관은 현직 객실 매니저와 인사팀 직원 등 실무진 3명으로 구성되며, 1차 면접에서부터 시사 상식에 이르기까지 심층 면접이 이루어진다는 점을 알고 대비해야 한다. 보통 각 지원자에게 공통 질문과 이력서, 전공을 참고한 개별 질문을 하나씩 한다고 한다. 1차 면접은 선 자세로 진행되며, 면접에는 조별로 10~15분 정도가 소요된다.

면접실에 입실하면서 ㄷ자 형태의 워킹을 실시하는데, 사실 이 워킹도 평가 요소이다. 워킹 시 시선이 정면을 향하고 미소를 지어야 하며, 자신감 있고 쾌활한 모습을 보여 주는 것이 좋다.

■ 2차 면접

영어 구술 테스트를 먼저 실시한 후에 임원 면접을 진행한다. 영어 구술 테스트는 4인 1조로 진행되는데, 면접 전에 조별로 사진 촬영을 한다. 이 테스트는 입사 동기 및 기본 회화 위주로 짧게 진행된다.

영어 테스트가 끝나면 2차 면접실에 입실하는데, 1차 면접과 마찬가지로 ㄷ자로 워킹하면서 들어간다. 기본적으로 워킹 연습이 필요하다는 점을 기억하자. 면접관은 사장과 임원 등 5명이며, 공통 질문과 개별 질문을 각각 하나씩 하는 것이 원칙이다. 임원 면접은 자리에 앉아서 진행되며, 조별로 15~20분 정도가 소요된다.

에어부산

서류 전형	▶	1차 면접	▶	체력측정 인성/적성	▶	2차 면접	▶	건강 검진	▶	최종 합격

저비용 항공사(LCC)의 경우 대형 항공사보다 서류 전형이 더 까다롭다고 알려져 있다. LCC의 주요 취항지에 따라 해당 외국어 가능자를 선호한다는 점도 알아두자. 에어부산은 부산광역시와 아시아나항공이 대주주로 있기 때문에 면접 방식이 아시아나항공의 방식과 유사하다. 그러나 다른 항공사들과 달리 1차 면접 후에 체력 측정 및 인성/적성 검사를 한다는 점에 유의하자.

1차 면접

현직 객실 사무장과 인사 담당자 등 면접관 3명이 실시하는 실무자 면접이다. 지원자는 8인 1조로 면접에 임하며, ㄷ자 워킹을 하며 입실한다는 점도 기억하자. 공통 질문으로 자기 소개를 하게 하는 경우가 많고, 개성을 중시하는 경향이 있어 지원자에게 준비한 것을 어떤 것이든 발표해 보라고 요구하는 경우도 있다. 이를 대비하여 장기자랑 같은 특기를 준비할 필요도 있다.

©Sorbis/Shutterstock.com

에어부산은 부산에 거점이 있기 때문에 부산에서 사는 것이 가능한지에 대해 구체적으로 질문하는 경우가 많다. 기본 면접이 끝나면 영어 기내 방송문이나 짧은 영어 기사를 읽게 하는 형태로 어학 능력을 테스트한다.

■ 2차 면접

아시아나항공과 마찬가지로 면접 전에 4인 1조로 사진을 촬영한 후 시작하는데, 이는 동점자 발생 시 평가 요소로 활용된다. 따라서 사진 촬영 자세도 연습해야 한다.

면접은 8인 1조로 실시하며, 면접관은 임원급 3명으로 구성된다. 공통 질문 1개와 개별 질문을 하는데, 지원자의 역량을 꼼꼼히 평가할 수 있는 심층 면접이 이루어진다고 한다. 질문 내용에 당황하지 않고 침착하게 답변하는 연습을 해야 한다.

제주항공

서류 전형 ▶ 1차 면접 ▶ 2차 면접 / 체력 검정 ▶ 신체 검사 ▶ 최종 합격

■ 1차 면접

5인 1조로 실시하며, 면접관은 현직 객실 사무장과 인사 담당자 3명으로 구성된다. 중국어와 일본어 어학 특기자는 일반 지원자와 구분하여 면접을 실시하는 것이 특징이며, 어학 능력이 가점 요소이다.

©Sorbis/Shutterstock.com

공통 질문으로는 주로 자기 소개를 하게 하므로, 짧은 시간 동안 인상적으로 자기를 소개하는 연습을 해야 한다. 회사에 대해 많이 질문하는 것으로 알려져 있으므로 사전에 제주항공사 개요, 주요 서비스 및 정책, 신문기사 등을 꼼꼼히 찾아보고 익혀 둘 필요가 있다.

▪ 2차 면접

2차 면접도 5인 1조로 실시하며, 면접관은 모두 임원급으로 구성된다. 2차 면접에서도 자기 소개를 많이 요구하며, 장기자랑을 할 기회를 준다는 특징이 있다. 이때 자신의 친화력과 사교적인 모습을 어필할 수 있도록 준비하는 것이 좋다. 또 2차 면접 당일에 체력 검정을 함께 실시한다는 것을 기억하자.

진에어

서류 전형 ▶ 1차 면접 ▶ 영어 구술 테스트 · 2차 면접 ▶ 건강진단 체력검사 ▶ 최종 합격

진에어도 1차 실무자 면접, 2차 임원 면접을 실시하며, 임원 면접 전에 영어 구술 테스트를 진행한다. 진에어는 대한항공의 자회사이므로 전반적인 면접 진행 방식이 유사하다.

▪ 1차 면접

먼저 신장을 측정한 후에 실시하며, 8인 1조로 진행한다. 면접관은 현직 객실 사무장과 인사 담당자 등 2명으로 구성되며, 공통 질문과 개별 질문으로 평가한다. 특기할 점은 면접 복장이 청바지, 반팔 티셔츠, 운동화라는 것이다. 청바지는 스키니보다는 진에어 유니폼과 비슷한 스트레이트 진으로 입는 것이 좋으며, 머리가 긴 경우 올림머리보다는 포니테일로 하는 것이 복장과 잘 어울린다는 점을 참고하자.

2차 면접

임원 면접으로, 면접 전에 간단한 영어 테스트를 실시한다. 영어 테스트는 실무진 면접관 2명과 지원자 5인 1조로 이루어지며 간단한 영어 면접과 영어 기내 방송문을 읽는 형식으로 진행된다. 이후 면접실로 이동하여 임원 면접을 실시한다. 이 면접은 임원급 면접관 4명과 지원자 5인 1조로 구성되며, 공통 질문과 주로 이력서를 중심으로 한 개별 질문을 한다.

©Marcio Rodrigo Machado/S3studio/Getty Images

티웨이항공

서류 전형 ▶ 1차 면접(이미지) ▶ 2차 면접(임원) ▶ 수영 테스트 ▶ 3차 면접(최종) ▶ 신체 검사 ▶ 최종 합격

티웨이항공은 저비용 항공사 중 유일하게 3차 면접까지 실시하며 2차 면접 후 수영 테스트를 한다. 1차 면접은 이미지를 중심으로 평가한다고 알려져 있으며, ㄷ자 워킹을 한 후에 입실하여 선 자세(Standing)로 진행된다. 2차 면접에서는 장기자랑을 준비한 지원자에게 기회를 주는 경우가 있는데, 이 기회를 살려 자신의 매력을 어필하는 것도 좋다.

3차 면접은 사장과 임원들이 직접 면접을 실시하는데, 여타 항공사보다 긴 시간 동안 심층 면접을 진행한다고 한다. 모든 면접은 중국어 가능자와 비가능자로 나누어 실시한다.

©Denis Kabelev/Shutterstock.com

03

승무원 면접 평가 요소

1. 면접 평가 요소

일반적으로 기업의 채용 면접에서는 외형적 요소, 태도적 요소, 내면적 요소와 함께 스피치, 대화법 등을 개별적으로 평가한다. 채용 분야와 기업에 따라 평가 항목과 중점 평가 요소가 다르다. 하지만 채용 면접 과정에서 개인에게 할당된 시간은 대략 5~10분에 불과하기 때문에 세부 요소와 항목에 대한 평가보다 전반적 이미지 평가로 이루어지는 경향이 크다는 점을 참고해야 한다.

▸ 기업 채용 면접의 주요 평가 요소

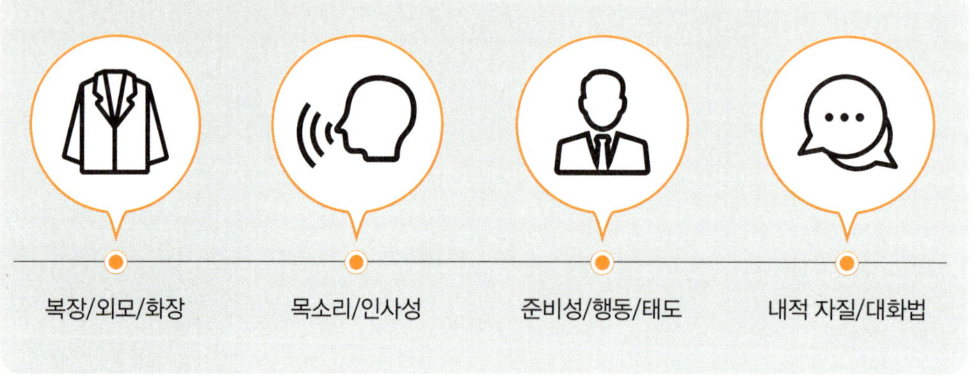

객실 승무원의 경우 평가 항목을 좀 더 세분화할 수 있는데, 양유경 등의 연구(2013)[2]에 따르면 평가 항목은 외모, 성격, 커뮤니케이션 능력, 의욕 및 조직 적응력, 지도력, 직무 관련 사항 등으로 구분된다.

한편 이동희의 연구(2014)[3]에 따르면 인성·성격, 센스·판단력, 대인관계, 얼굴 이미지, 체형, 복장, 걸음걸이 및 자세, 태도, 언어 표현력, 전문지식, 서비스 마인드 등을 평가한다(별도 절차가 있는 외국어 능력 및 체력 제외).

이 연구 결과를 보면 객실 승무원 면접에서 중시되는 평가 요소가 지원자의 인성·성격, 첫인상, 대인관계 능력, 언어 표현력, 서비스 마인드, 센스·판단력 순으로 나타나 대부분의 요소가 지원자의 이미지 및 태도와 관련된다는 점을 알 수 있다. 그다음 요소가 서비스 마인드 및 센스·판단력인데, 이는 롤 플레잉 면접 질문을 통해 파악한다는 것도 알 수 있다. 따라서 항공사별 면접 절차와 주요 롤 플레잉 질문 사례를 미리 정리하여 꾸준히 연습하는 노력이 필요하다.

2 양유경·이정현·이동환(2013), 승무원 채용을 위한 평가항목-지원자와 면접관의 상호비교를 중심으로, 한국항공경영학회지, 11(2), pp.3-26.
3 이동희(2014), 항공사 객실 승무원 채용 및 선발에 관한 델파이 연구, 호텔경영학연구, 23(6), pp.77-9.

승무원 채용 면접 평가 요소(이동희의 연구)

순위	평가 항목	세부 내용
1	**인성 · 성격**	– 긍정적 사고를 가졌는가 – 밝고 적극적인 성격인가 – 신뢰를 주는가 / 정직한가 / 성실한가 – 안정감이 있는가 / 감정 조절을 잘 하는가
2	**첫인상**	– 인상이 좋은가 / 얼굴 표정과 미소
3	**대인관계 능력**	– 상냥하고 친절한가 (말투, 표정) – 타인을 배려하고 사람들과 화합하는가 (다른 질문자가 답할 때 경청 자세)
4	**언어 표현력**	– 말할 때 발음은 정확한가 – 공손하고 지적인 말투인가 – 말의 속도, 음성 톤이나 억양은 적절한가 – 자신의 의사를 논리적으로 말하는가
5	**서비스 마인드**	– 서비스 맨으로서 적합한 성향을 가졌는가 – 봉사와 희생 정신이 있는가 (단체 · 봉사 활동 경험)
6	**태도**	– 말할 때와 질문이나 상대가 말하는 동안의 태도 – 겸손하고 예의 바른가
7	**센스 · 판단력**	– 상황 판단력이 있는가 (면접관의 질문 의도 파악) – 순발력이 있는가 / 센스 있는 답변 – 융통성(유연한 사고)이 있는가
8	**걸음걸이 및 자세**	– 걸음걸이가 바른가 (입 · 퇴장) – 선 자세 / 앉은 자세 / 제스처는 어떤가 – 자신감과 당당한 모습을 보여 주는가
9	**얼굴 이미지**	– 얼굴 균형과 크기 / 미소 지을 때 표정 – 눈매가 또렷한가 / 시선 처리 – 피부 및 메이크업 상태 / 치열
10	**복장**	– 복장이 단정한가 / 세련미를 갖추었는가 – 유니폼이 잘 어울리는가
11	**체형**	– 신장은 적당한가 – 체형이 균형 잡혔는가 – 기타 다리 모양 / 종아리 / 발목 등
12	**전문지식**	– 항공 업무 관련 전문지식을 갖추었는가 – 객실 승무원의 역할이나 직무에 대한 지식 정도

2. 면접 실전에 대한 조언

명목상 면접에서는 개별 항목별로 구분하여 평가하도록 되어 있다. 그러나 현장에서는 개별 면접 시간이 5~10분에 불과하고 4~8명이 함께 면접을 보는 등 다양한 외부 요인의 영향으로 세부 항목별 평가보다는 전반적인 이미지 위주로 평가를 하게 된다. 짧은 시간에 평가해야 하므로 외형적 이미지 요소가 결정적으로 작용하며, 1~2개의 답변에 대한 태도와 센스, 차별성이 중요한 평가 기준이 될 것이다.

면접 전문가가 아니라 해당 항공사의 임원이 면접관으로 참여하는 경우 최고위 임원이 전체 면접 분위기를 주도하는 경우가 많다는 점도 참고하자.

©jayk7/Moment/Getty Images

04

롤 플레잉 면접 예상문제와 답변 연습

1. 롤 플레잉 질문에 대한 답변 방법

이미 2장에서 서비스 접점별 상황을 가정하고 다양한 롤 플레잉을 연습했다. 이 책에서 롤 플레잉은 개별 서비스 상황에서 실제로 고객과 나눌 대화를 작성해 보고, 반복 연습해 보는 것으로 구성했다. 이와 같은 과정을 통해 고객의 입장을 먼저 이해하고, 왜 그렇게 응대하는 것이 좋은지에 대해 의견을 나눌 수 있도록 했다.

채용 면접 시 롤 플레잉 질문은 승무원 업무에 대한 이해, 서비스 마인드, 상황 대응 센스 및 판단력 등을 확인하기 위한 것이다. 2장에서 다양한 롤 플레잉 상황에서 응대하는 방법을 충분히 연습했다면, 이번에는 면접 질문에 대한 답변을 생각해 보고 작성해 보자.

상황에 따라 조금씩 다를 수 있지만, 일반적인 면접 상황에서 면접관의 질문은 대개 이런 형식을 띤다.

> "자신이 승무원이라고 생각하고, ______________________ 과 같은 상황이라면 어떻게 응대하겠습니까?"

면접 실전에서 이 같은 질문에 답하는 것은 2장에서 단순히 롤 플레잉을 연습하던 것과 다르다. 롤 플레잉 면접 질문에 대한 답변은 대개 다음의 형식으로 이루어져야 하기 때문이다.

> "저는 ______________________________ 하게 응대하겠습니다.
> 왜냐하면 고객의 입장에서 △△△가 가장 중요하기 때문에 ㅁㅁㅁ에 중점을 두어 응대해야 한다고 생각하기 때문입니다."

즉, 롤 플레잉 면접 질문에 대한 답변은 일반적으로 [조치 + 이유] 형식을 취한다. 그래서 다음에 간단한 롤 플레잉 면접 질문과 답변의 예시를 수록했다. 개인에게 할당된 시간을 감안할 때 답변은 30초를 넘지 않아야 한다. 예시 답변을 하는 데 정확히 30초가 걸리므로, 이를 기준으로 상황에 따라 내용을 가감하면서 여러 번 연습하여 면접 실전의 다양한 질문에 응용할 수 있도록 하자.

면접관 질문 기내에서 면세품을 판매하고 있다고 가정해 봅시다. 승객 한 분이 판매 소음이 불편하다고 본인에게 항의한다면 어떻게 응대하는 것이 좋다고 생각하나요?

지원자 답변 ❶ 먼저 불편을 겪은 승객분께 정중히 사과드리고, 최대한 빠른 시간 내에 조용히 마무리하겠다며 양해를 구해 보겠습니다. 필요하다면 승객분께 이어플러그를 권해 드리거나, 음료 서비스나 기념품 등을 활용해 기분을 풀어 드리겠습니다.

❷ 저는 고객의 불만사항에 대해서는 먼저 경청과 공감하는 자세가 가장 중요하고, 고객의 불편을 최소화하기 위해 노력하는 모습을 보이는 것이 최선의 조치라고 생각합니다.

면접관 질문 기내에서 술을 많이 마시고 난동을 피우는 승객이 있습니다. 본인이 가장 먼저 상황을 목격하고 조치해야 한다면 어떻게 하겠습니까?

지원자 답변 ❶ 먼저 승객분께 기내에서의 음주, 난동은 항공보안법에서 엄격히 금지하는 행위임을 고지해 스스로 자제할 수 있도록 하겠습니다. 만약 행위가 중지되지 않는다면 법에 따라 강제력까지 행사할 수 있음을 고지하고, 엄정하게 대처하겠습니다.

❷ 저는 기내에서의 폭언이나 난동은 다른 승객들의 안전을 위협하거나 심각한 불편을 초래할 수 있는 행위이기 때문에 적극적으로 대처해야 한다고 생각합니다.

2. 롤 플레잉 면접 답변 연습

실제 항공사 면접에서 예상되는 롤 플레잉 질문을 간추렸다. 각 페이지의 4개 질문 중 임의로 하나를 골라 30초 이내로 답변해 보는 연습을 하자.

질문 1 신혼여행을 가는 신랑 · 신부의 좌석이 서로 떨어져 있다. 신랑이 신부와 같은 자리에 앉고 싶다고 부탁하는 경우 어떻게 응대할 것인가?

질문 2 연세가 많으신 승객분이 자리가 불편하다며 넓어 보이는 비상구열 좌석으로 바꿔 주면 좋겠다고 하신다. 어떻게 응대할 것인가?

질문 3 탑승 중 승객 두 분이 좌석이 중복되어 실랑이를 벌이고 있다. 이런 경우 어떻게 응대하는 것이 좋은가?

질문 4 반려동물과 함께 탑승한 승객분이 비행 중 캐리어에서 반려동물을 꺼내 안고 갈 수 있는지 물으신다. 어떻게 응대하는 것이 좋은가?

승무원 면접 실전이라고 생각하고 30초 이내의 답변을 구성해 보자.

질문 5 승객 탑승 중 승객 한 분이 오늘따라 유난히 기름 냄새가 많이 난다며 무슨 일인지 확인해 달라고 하신다. 어떻게 응대하는 것이 좋은가?

질문 6 비행기를 처음 타신 연세가 많으신 승객분이 비행 중 속이 울렁거린다며 도움을 요청하신다. 자리가 좁아 불편하니 상위클래스의 넓은 좌석으로 옮겨 가면 안 되겠느냐고 부탁하신다면 어떻게 응대하겠는가?

질문 7 폐쇄공포증이 있는 승객분이 급한 일로 비행기에 탑승했으나, 막상 탑승하고 보니 증상이 심해 비행기에서 내리고 싶다고 하신다. 비행기가 활주로에 올라 이륙 직전이라면 어떻게 응대하는 것이 좋은가?

질문 8 비행기 정비 관계로 출발이 지연되고 있다. 승객 한 분이 중요한 미팅이 있어 늦으면 큰일이라며 항의하신다면 어떻게 응대하는 것이 좋은가?

승무원 면접 실전이라고 생각하고 30초 이내의 답변을 구성해 보자.

질문 9 아기 요람 설치를 요구하시는 승객분이 계시다. 승무원이 보기에 아기가 너무 커서 요람 설치가 적당하지 않은 경우 어떻게 응대하는 것이 좋은가?

질문 10 승객 탑승이 완료되어 이륙을 준비하고 있다. 승객 한 분이 공항 화장실에 가방을 두고 온 것 같다며, 빨리 가져오면 안 되겠느냐고 문의하신다면 어떻게 응대하는 것이 좋은가?

질문 11 승객 탑승이 끝나고, 이륙을 위해 Taxiing 중이다. 어린이 승객이 갑자기 배가 아프다며 화장실에 가야겠다고 한다면 어떻게 응대하는 것이 좋은가?

질문 12 일등석 와인 서비스 중 항공기가 흔들리면서 와인이 승객의 옷에 조금 튀었다. 어떻게 응대하는 것이 좋다고 생각하는가?

승무원 면접 실전이라고 생각하고 30초 이내의 답변을 구성해 보자.

질문 13 식사 서비스 중 연세가 지긋하신 승객분이 외국에서는 밥이 입에 맞지 않는다며 고추장을 10개 정도 더 달라고 하신다. 이런 승객분께는 어떻게 응대하는 것이 좋은가?

질문 14 한 승객분이 식사로 나온 샐러드에서 벌레가 기어 다닌다며 항의하시는 상황이다. 본인이 직접 식사 서비스를 했다면 어떻게 응대하는 것이 가장 적절하다고 생각하는가?

질문 15 식사 서비스 중 승객 한 분이 너무 배가 고파서 2인분을 먹고 싶다고 하신다. 어떻게 응대하는 것이 좋은가?

질문 16 온라인으로 기내 면세품을 사전 주문한 승객분이 계시다. 항공사 실수로 주문한 면세품이 탑재되지 않았다면 어떻게 응대하는 것이 좋은가?

승무원 면접 실전이라고 생각하고 30초 이내의 답변을 구성해 보자.

질문 17 너무 피곤해서 잠을 자려고 하는데, 옆좌석에서 책을 읽고 있는 승객의 독서등 때문에 잠을 잘 수 없다고 도움을 요청하는 승객분이 계시다. 이런 경우 어떻게 응대하는 것이 좋다고 생각하는가?

질문 18 승객이 승무원에게 어떤 호텔에 묵는지, 함께 식사할 수 있는지, 연락처를 줄 수 있는지 등을 물으며 계속 관심을 보이는 상황이다. 본인이라면 이 승객분께 어떻게 응대할 것인가?

질문 19 아이의 장래 꿈이 비행기 조종사라며 조종석을 잠시만 볼 수 없겠느냐고 묻는 승객분이 계시다. 이때 어떻게 응대하는 것이 좋다고 생각하는가?

질문 20 간혹 기압 차이로 어린이 승객이 귀가 아프다고 우는 경우가 있다. 부모도 어쩔 줄 몰라하는 등 혼란스러운 상황이라면 어떻게 응대하는 것이 좋다고 생각하는가?

승무원 면접 실전이라고 생각하고 30초 이내의 답변을 구성해 보자.

부록

Appendix

롤 플레잉 면접 주요 질문에 대한
인사 담당자(K 항공사 승무원 출신) 답변

QUESTION 1

신혼여행을 가는 신랑 · 신부의 좌석이 서로 떨어져 있다. 신랑이 신부와 같은 자리에 앉고 싶다고 부탁하는 경우 어떻게 응대할 것인가?

❶ 불편을 겪은 승객분께 정중히 사과드리고 붙어 있는 여유 좌석이 있는지 신속하게 알아보겠습니다. 좌석 상황과 다른 승객분들의 동의 여부를 확인하여 좌석 재배정을 시도할 것임을 정중하게 안내하겠습니다.

❷ 저는 승객분의 요구사항에 대해 먼저 경청하고 승객분의 불편을 최소화하기 위해 노력하는 모습을 보이는 것이 최선의 조치라고 생각합니다.

좌석 분리 배정 승객 응대 (K 항공사 매뉴얼)

Before Door Close

- 항공기 출발 시각까지 시간적 여유가 충분한 경우 운송 직원과 협의한다.
- 항공기 출발 시각까지 조정이 불가한 경우에는 승무원이 운송 직원에게 받은 제반 정보를 활용하여 항공기 출발 이후에 조치한다.

After Door Close

- 승무원은 기내에서 Seat Together 요청 접수 시 반드시 사무장에게 보고한다.
- 객실 사무장은 이륙 후 해당 비행편의 좌석 상황 및 타 승객의 동의 여부를 확인하여 좌석 재배정을 시도할 것임을 정중히 안내한다.

During Flight

- 객실 사무장은 혼자 여행하는 승객 명단을 참조하여 좌석 변경에 대한 협조를 구한다.
- 좌석 변경에 대한 협조 문의 시 승객이 불편하지 않도록 좌석 변경을 요청한 승객과 분리된 상황에서 정중하고 요령 있게 문의하고, 거절 의사를 표명한 승객에게는 재차 요청하지 않도록 승무원 간에 철저히 정보를 공유한다.
- 좌석 조정이 최종 실패한 경우 객실 사무장이 승객에게 상황을 충분히 설명하고 양해를 구한다.

QUESTION 2

연세가 많으신 승객분이 자리가 불편하다며 넓어 보이는 비상구열 좌석으로 바꿔 주면 좋겠다고 하신다. 어떻게 응대할 것인가?

❶ 비상구열 좌석은 비상시 승무원을 도울 수 있는 승객분께 배정함을 설명해 드리고 비상구열 좌석 외에 다리를 편하게 펼 수 있는 좌석이 있는지 확인해 보겠습니다. 그리고 담요와 베개 등을 제공하여 편안한 비행이 되실 수 있도록 배려하겠습니다.

❷ 저는 승객분의 불편한 사항에 대해 먼저 공감하고 편안한 여행이 되실 수 있도록 배려하고 섬세하게 서비스하는 모습을 보이는 것이 중요하다고 생각합니다.

좌석 변경 요청 승객 응대 (K 항공사 매뉴얼)

- 승객의 요청에 의하여 기내에서 좌석 변경을 실시할 경우 상위클래스로의 좌석 변경(Upgrade)은 불가하다.
- 승객의 소란 · 난동 행위 및 안전 · 보안 등의 사유로 승객 하기 또는 좌석 재배정이 필요한 사항은 지상에서 운송 직원 및 기장과 협의하여 조치 후 출발한다.
- 승객의 좌석 재배정 요청 사유가 선호 좌석 미배정 등과 같이 안전운항과 무관한 경우에는 지연 출발되지 않도록 유의한다.

QUESTION 3

탑승 중 승객 두 분이 좌석이 중복되어 실랑이를 벌이고 있다. 이런 경우 어떻게 응대하는 것이 좋은가?

❶ 먼저 두 승객분의 탑승권을 보고 날짜, 편명, 이름, 좌석번호를 확인합니다. 좌석 중복 배정으로 확인되면 정중히 사과드리고 나중에 탑승한 승객분을 Jump Seat 근처로 안내하여 잠시만 기다려 달라고 양해를 구합니다. 그리고 바로 객실 사무장에게 보고한 후 지상 직원에게 좌석 재배정을 요청합니다. 만약 좌석에 여유가 있다면 나중에 탑승한 승객분을 선호하는 좌석으로 배정하겠습니다.

❷ 저는 신속하게 확인하고 불편사항에 대하여 사과드리며 문제 해결을 위하여 적극적으로 대처하는 모습이 중요하다고 생각합니다.

좌석 중복 배정 승객 응대 (K 항공사 매뉴얼)

- 승객의 탑승권을 보고 날짜, 편명, 이름, 좌석번호를 확인한다.
- 좌석 중복 배정으로 확인되면 우선 정중히 사과한다.
- 나중에 탑승한 승객은 Jump Seat 주변에서 대기하도록 한다.
- 객실 사무장에게 보고한 후 운송 직원에게 좌석 재배정을 요청한다.
- 좌석에 여유가 있는 경우 나중에 탑승한 승객을 선호하는 좌석으로 재배정한다.

QUESTION 4

반려동물과 함께 탑승한 승객분이 비행 중 캐리어에서 반려동물을 꺼내 안고 갈 수 있는지 물으신다. 어떻게 응대하는 것이 좋은가?

❶ 일단 승객분의 마음이 상하지 않도록 반려동물을 걱정하는 마음을 공감해 드립니다. 하지만 기내에서 안전운항과 쾌적한 기내 환경 유지를 위해 반려동물을 밖으로 꺼내는 것은 금지되어 있으며, 반려동물의 운송용기는 지정된 공간에 보관해야 한다는 규정을 정중하게 안내해 드리겠습니다.

❷ 저는 규정에 어긋나는 부분에 대하여 즉각적으로 안 된다고 하는 것보다 일단 승객분의 마음을 공감해 드리고 경청하는 자세가 중요하다고 생각합니다.

반려동물 운송 요건 (K 항공사 매뉴얼)

동반 가능한 반려동물

- 생후 8주 이상의 개, 고양이, 애완용 새
- 수하물로 위탁할 경우 생후 16주 이상
- 기내 반입은 반려동물과 운송용기 무게의 합이 7kg 이하인 경우에만 가능

운송이 제한되는 경우

- 개, 고양이, 새를 제외한 모든 종류의 동물
- 불안정하고 공격적인 동물, 악취가 심하거나 건강하지 않은 동물, 수태한 암컷
- 안정제나 수면제 등 약물을 투여한 반려동물
- 반려동물이 크게 짖는 등 지속적으로 소음이 발생할 우려가 있는 경우

기내 조치

- 비행 중 반려동물이 소음을 내는 경우, 주변 승객의 불편을 최소화하기 위한 승무원의 지시(입마개 착용 권유 등)를 따라야 한다.

QUESTION 5

승객 탑승 중 승객 한 분이 오늘따라 유난히 기름 냄새가 많이 난다며 무슨 일인지 확인해 달라고 하신다. 어떻게 응대하는 것이 좋은가?

❶ 승객분께서 요청하시는 내용을 경청하고 외부 및 내부 상황을 신속하게 확인해 보겠습니다. 별다른 특이사항이 없을 경우 비행기 기종에 따라 지상에서 기름 냄새가 나는 경우가 있다는 것을 승객분께 설명해 드리고 이륙 후에는 냄새가 사라질 것이라고 안심시켜 드리겠습니다.

❷ 기름 냄새는 안전과도 직결된 부분이라 신속하게 내 · 외부 상황을 파악하는 것이 중요하다고 생각합니다. 그 후에 미리 숙지해 둔 기종에 따른 특성을 정확하게 안내하여 승객분을 안심시켜 드리는 것이 중요합니다.

QUESTION 6

비행기를 처음 타신 연세가 많으신 승객분이 비행 중 속이 울렁거린다며 도움을 요청하신다. 자리가 좁아 불편하니 상위클래스의 넓은 좌석으로 옮겨 가면 안 되겠느냐고 부탁하신다면 어떻게 응대하겠는가?

❶ 일단 승객분의 불편사항을 공감하고 비상약이나 위생 봉투도 있음을 안내해 드립니다. 비행 중 상위클래스로 이동하는 것은 불가함을 정중히 말씀드리고 대신 다리를 편하게 펼 수 있는 좌석에 여유가 있는지 알아보겠습니다. 담요, 베개 등을 제공하여 더 편안하실 수 있도록 배려하고 수시로 승객분의 상태를 확인하면서 도움이 필요한 부분이 있는지 살피겠습니다.

❷ 저는 승객분의 불편사항에 대해 먼저 경청하고 승객분의 건강상태를 수시로 확인하며 지속적으로 노력하는 모습을 보이는 것이 최선의 조치라고 생각합니다.

QUESTION 7

폐쇄공포증이 있는 승객분이 급한 일로 비행기에 탑승했으나, 막상 탑승하고 보니 증상이 심해 비행기에서 내리고 싶다고 하신다. 비행기가 활주로에 올라 이륙 직전이라면 어떻게 응대하는 것이 좋은가?

❶ 먼저 승객분의 상태를 확인하고 안심시켜 드리겠습니다. 그래도 진정되지 않는다면 승객분의 안전을 위하여 객실 사무장에게 보고하겠습니다.

❷ 제가 할 수 있는 조치는 최선을 다해 한 후에 제 선에서 해결할 수 없는 부분은 즉각 보고하여 빠른 결정이 이루어지도록 하겠습니다.

QUESTION 8

비행기 정비 관계로 출발이 지연되고 있다. 승객 한 분이 중요한 미팅이 있어 늦으면 큰일이라며 항의하신다면 어떻게 응대하는 것이 좋은가?

❶ 승객의 불만사항에 대하여 경청하고 정중하게 사과드리겠습니다. 하지만 비행기 정비는 안전과 직결되므로 모든 승객분들의 안전을 위하여 최선의 조치를 취하고 있음을 말씀드려 이해를 구하겠습니다. 조치가 끝난 후 승객분께 정확한 비행시간과 도착시간을 안내해 드리고, 최우선으로 하기하실 수 있도록 하겠습니다.

❷ 비행에서 가장 중요한 부분은 안전이라고 생각합니다. 승객분의 기분이 상하지 않도록 이 부분을 이해시켜 드리고 도착 시에는 가장 빨리 하기하실 수 있도록 최선을 다해 안내해 드리겠습니다.

QUESTION 9

아기 요람 설치를 요구하시는 승객분이 계시다. 승무원이 보기에 아기가 너무 커서 요람 설치가 적당하지 않은 경우 어떻게 응대하는 것이 좋은가?

❶ 먼저 유아의 신체 사이즈를 확인하고, 초과하는 경우 낙상 위험으로 인해 제공이 불가함을 정중하게 안내하겠습니다. 대신에 아기가 누울 수 있는 여유 좌석이 있는지 확인한 후 여분의 베개와 담요를 제공하여 손님과 아기가 모두 편하실 수 있도록 최대한 노력하겠습니다.

❷ 무엇보다 안전을 고려한 규정임을 손님이 이해하실 수 있도록 정중하게 안내해 드리고, 대신 더 편안하게 가실 수 있도록 배려해 드리는 것이 중요하다고 생각합니다.

QUESTION 10

승객 탑승이 완료되어 이륙을 준비하고 있다. 승객 한 분이 공항 화장실에 가방을 두고 온 것 같다며, 빨리 가져오면 안 되겠느냐고 문의하신다면 어떻게 응대하는 것이 좋은가?

❶ 승객 탑승이 완료되면 보안 관계상 다시 나가는 것이 제한됨을 안내해 드립니다. 대신 가방을 두고 오신 화장실 위치를 정확하게 파악한 후 지상 직원에게 전달하여 최대한 가방을 되찾을 수 있도록 노력하는 모습을 보여 안심시켜 드리겠습니다.

❷ 승객의 상황을 공감하고 최대한 신속하게 찾을 수 있도록 노력하는 것이 중요하다고 생각합니다.

QUESTION 11

승객 탑승이 끝나고, 이륙을 위해 Taxiing 중이다. 어린이 승객이 갑자기 배가 아프다며 화장실에 가야겠다고 한다면 어떻게 응대하는 것이 좋은가?

❶ Taxiing 중은 이륙 전 활주로로 이동 중인 상황입니다. 모든 탑승 승객을 비롯하여 승무원도 이륙과 예기치 않은 활주로에서의 사고를 대비하기 위해 자리에 착석한 상태로 좌석벨트를 매고 있어야 합니다.

❷ 어린이 승객의 상황을 살펴본 후 어린이 승객의 주의를 환기하여 화장실을 가게 하지 않고, 이륙 후 착석 이동이 가능한 빠른 시점에 직접 화장실까지 안내하여 화장실을 이용하도록 하는 것이 맞습니다.

❸ 어린이 승객의 상태가 긴급하여 화장실 이용(소변)이 부득이하다면, 이륙 전에 몇 분의 여유가 있는지 파악할 수 있는 범위 안에서 승무원의 도움을 받아 빠르게 이용한 후 착석할 수 있도록 안내하겠습니다.

©Busakorn Pongparnit/Moment/Getty Images

QUESTION 12

일등석 와인 서비스 중 항공기가 흔들리면서 와인이 승객의 옷에 조금 튀었다. 어떻게 응대하는 것이 좋다고 생각하는가?

❶ 즉각적으로 사과드리며 옷을 닦을 수 있는 것을 가져다드려야 한다고 생각합니다.

❷ 조치 규정에 따라 전자우대 할인권을 발급하고 승객 이메일로 72시간 내 전송됨을 안내해 드리는 것이 좋다고 생각합니다.

승객 의복 오염 시 응대 (K 항공사 규정)

- 급격한 기류 변화, 기내 낙수, 객실 승무원의 실수 등으로 승객의 의복이 오염 또는 훼손되었을 때 해당 편 객실 사무장은 전자우대 할인권을 발급하고 승객 이메일로 72시간 내 전송됨을 안내한다.
- 승객 본인 또는 승객 간의 실수로 승객의 의복이 오염 또는 훼손된 경우 우선 승객에게 필요한 도움을 제공하고 이후 승객의 요구가 있을 때 제공할 수 있다.
- 전자우대 할인권은 의복 훼손 및 오염 정도에 따라 1~5매까지 발급한다.
- 승객의 성명, 편명, 일시, 비행구간, 연락처(이메일, 휴대전화), 발급 매수 및 사유 등을 기록하여 도착 직후 전자우대 할인권 발급 Report를 작성한다.
- 승객 의복 오염 또는 훼손의 정도가 심해 전자우대 할인권 5매로 해결이 불가한 경우에는 추가 배상이 가능함을 안내하되, 추가 비용 발생이 명백할 경우에 한해 제한적으로 안내하고, Cabin Report를 작성한다.

QUESTION 13

식사 서비스 중 연세가 지긋하신 승객분이 외국에서는 밥이 입에 맞지 않는다며 고추장을 10개 정도 더 달라고 하신다. 이런 승객분께는 어떻게 응대하는 것이 좋은가?

❶ 먼저 승객분의 마음을 이해하여 공감해 드리고, 항공기에서 제공하는 모든 물품은 관세법상 항공기 외부로 반출할 수 없음을 안내해 드립니다.

❷ 승객분이 기내식을 드시도록 고추장을 추가로 2~3개 정도 더 드리며, 필요시 면세품으로 기내에서 고추장을 구입하실 수 있다고 안내해 드리겠습니다.

❸ 승객분의 마음을 알아드리고 공감하며 규정 때문에 해 드리지 못하는 부분에 대해서는 다른 부분으로 채워 드릴 수 있도록 노력하며 유연한 대처가 필요하다고 생각합니다.

QUESTION 14

한 승객분이 식사로 나온 샐러드에서 벌레가 기어 다닌다며 항의하시는 상황이다. 본인이 직접 식사 서비스를 했다면 어떻게 응대하는 것이 가장 적절하다고 생각하는가?

❶ 불편하셨던 상황에 대하여 즉각적으로 사과드리고 샐러드는 새것으로 교체해 드리는 것이 적절하다고 생각합니다.

❷ 해당 부분에 대하여 회사에 반드시 보고하고 앞으로 더욱 주의하겠다고 말씀드립니다.

QUESTION 15

식사 서비스 중 승객 한 분이 너무 배가 고파서 2인분을 먹고 싶다고 하신다. 어떻게 응대하는 것이 좋은가?

❶ 기내식이 탑승하신 승객의 인원수에 맞춰 탑재됨을 설명해 드리고, 잠시 기다려 주시면 식사 서비스가 완료된 후에 추가 식사 제공이 가능한지 확인하여 가져다드리겠다고 말씀드리겠습니다. 혹시라도 여분이 없을 경우에는 제공 가능한 스낵류와 음료로 대체하여 서비스하겠습니다.

❷ 모든 승객에게 공평하게 제공되는 식사이므로 한 승객에게만 편중되지 않도록 해야 하며, 대신 여분이 있을 경우에는 즉각적으로 드리겠습니다.

QUESTION 16

온라인으로 기내 면세품을 사전 주문한 승객분이 계시다. 항공사 실수로 주문한 면세품이 탑재되지 않았다면 어떻게 응대하는 것이 좋은가?

❶ 먼저 승객분께 진심으로 사과드리고, 사전 주문한 면세품과 동종의 상품이 있는지 확인합니다. 만약 대체 가능한 상품이 없다면 귀국편에 반드시 받으실 수 있도록 조치해 드리겠습니다. 또한 회사에 반드시 보고하겠다고 말씀드리겠습니다.

❷ 회사의 실수로 발생한 불편에 대하여 즉각적으로 사과드리고 적극적으로 해결해 드리는 것이 중요하다고 생각합니다.

QUESTION 17

너무 피곤해서 잠을 자려고 하는데, 옆좌석에서 책을 읽고 있는 승객의 독서등 때문에 잠을 잘 수 없다고 도움을 요청하는 승객분이 계시다. 이런 경우 어떻게 응대하는 것이 좋다고 생각하는가?

❶ 승객분의 불편사항을 공감하고 상황을 파악한 후, 기내에 안대와 귀마개가 있음을 안내하여 승객분께서 원하시면 가져다드리겠습니다. 만약 좌석에 여유가 있다면 다른 좌석으로 이동할 수 있음을 안내해 드리겠습니다.

❷ 도움을 요청하신 승객분의 상황을 공감하고 이를 해결하기 위해 할 수 있는 일이 무엇인지 파악하는 것이 중요하다고 생각합니다.

QUESTION 18

승객이 승무원에게 어떤 호텔에 묵는지, 함께 식사할 수 있는지, 연락처를 줄 수 있는지 등을 물으며 계속 관심을 보이는 상황이다. 본인이라면 이 승객분께 어떻게 응대할 것인가?

❶ 지금은 근무 중인 상황이고 회사의 규정상 승무원의 개인정보를 승객분께 제공할 수 없음을 정중하게 설명해 드립니다.

❷ 승객분의 기분이 상하지 않고 승객분이 무안해하지 않으시도록 센스 있게 대처하는 것이 중요한 것 같습니다.

QUESTION 19

아이의 장래 꿈이 비행기 조종사라며 조종석을 잠시만 볼 수 없겠느냐고 묻는 승객분이 계시다. 이때 어떻게 응대하는 것이 좋다고 생각하는가?

❶ 먼저 아이의 꿈에 대해 격려해 주고 응원해 주겠습니다. 하지만 항공기의 조종실을 출입하려면 출입 허가(Auth)를 받아야 한다는 규정을 설명해 드리겠습니다.

❷ 항공기 보안상 조종실은 승객 출입이 절대 금지됨을 안내해 드린 후 기장님에게 하고 싶은 얘기나 궁금한 점이 있다면 쪽지 전달은 가능하다고 알려 드리며 승객분의 아쉬움을 공감해 드리겠습니다.

QUESTION 20

간혹 기압 차이로 어린이 승객이 귀가 아프다고 우는 경우가 있다. 부모도 어쩔 줄 몰라하는 등 혼란스러운 상황이라면 어떻게 응대하는 것이 좋다고 생각하는가?

❶ 기압 차이로 이런 경우가 발생할 수 있음을 설명하여 안심시켜 드리고 발살바법에 대해 말씀드리겠습니다. 먼저 숨을 어느 정도 들이마신 후, 코를 꽉 막고 입을 다문 후 그 상태에서 숨을 세게 내쉬도록 합니다. 그다음에 침을 삼키거나 물을 마시면 다시 편안한 느낌으로 돌아갈 수 있음을 안내해 드리겠습니다.

❷ 승객분들이 많이 접해 보지 않은 상황일 수 있으므로 차분하게 안정하시도록 해야 하고 이런 경우 해결 방법을 정확하게 숙지하고 있어야 한다고 생각합니다.